LE LIVRE DES BÊTES
QU'ON APPELLE
SAUVAGES

T0382172

"KHO-KHO"

ANDRÉ DEMAISON

LE LIVRE DES BÊTES
QU'ON APPELLE
SAUVAGES

(Grand Prix du Roman 1929)

(*Extraits*)

With an Introduction
by
The Author

Notes and a Glossary by

G. C. HARPER, M.A.
Senior French Master at
Bedford School

CAMBRIDGE
AT THE UNIVERSITY PRESS
1930

CAMBRIDGE
UNIVERSITY PRESS

University Printing House, Cambridge CB2 8BS, United Kingdom

Cambridge University Press is part of the University of Cambridge.

It furthers the University's mission by disseminating knowledge in the pursuit of education, learning and research at the highest international levels of excellence.

www.cambridge.org
Information on this title: www.cambridge.org/9781107486850

© Cambridge University Press 1930

First published 1930
First paperback edition 2015

A catalogue record for this publication is available from the British Library

ISBN 978-1-107-48685-0 Paperback

PREFACE

The courtesy of the author in writing an introduction to this edition and in helping its preparation in many other ways has made me greatly indebted to him. I welcome the opportunity of expressing my thanks. The three stories here reprinted from Monsieur Demaison's charming book may, it is hoped, increase English appreciation of the elegance of French prose and of the importance of the French empire in Africa. Monsieur Demaison is too modest to mention either.

My sincerest thanks are also due to Mr S. McCullagh, of the Nigerian Civil Service.

G. C. H.

BEDFORD

June 1930

CONTENTS

AVANT-PROPOS A L'ÉDITION
DE CAMBRIDGE

J'ai fréquenté l'Asie et l'Amérique, et j'ignore la Suisse et la Hollande qui sont trop près de nous. L'Afrique a surtout connu mon passage : pendant douze ans j'ai parcouru les régions arabes du Nord, les pays noirs de l'Ouest et de l'Est Africain et j'ai poussé jusqu'à Madagascar.

En Afrique Occidentale, je vais et je viens encore comme chez moi, sans interprète : c'est à dire que les primitifs m'ont suffisamment intéressé pour que leurs langues me soient devenues familières. Et cet intérêt que je portais aux hommes, j'ai essayé également de l'étendre aux bêtes.

Fort loin d'ici, aux confins du Soudan, j'étais parti tout jeune, désireux d'échapper à la vie d'usine, de bureau ou de bibliothèque. C'était un peu avant la guerre. A cette époque, les bourgeois intégraux appelaient ceux qui s'exilaient ainsi : des aventuriers. Ce fut alors que je tentai de recréer là-bas le Paradis Terrestre tel que je me le représentais : les animaux et les hommes mélangés, vivant tous d'eau claire et des fruits du bananier, qui est à coup sûr l'Arbre de vie dont parle l'Écriture.

Tout d'abord, j'avais beaucoup chassé. Tuer est un de ces vices de l'homme. Un jour, je blessai une jeune antilope. Au moment où les Noirs allaient l'achever, la jeune bête se souleva et brama longuement pour appeler sa mère. Depuis cette histoire pénible, je ne pouvais plus tirer que sur les crocodiles stupides, dangereux, laids et inutiles.

Fatigué de chasser et de tuer, j'ai réuni chez moi les bêtes "dites sauvages", dans ma cour, à l'ombre de mes arbres et de ma véranda. Elevées au biberon ou à la main, ces bêtes n'avaient même pas à oublier qu'elles étaient sauvages, puisqu'elles ne le savaient pas et qu'elles se croyaient les égales du chien, des chats, des poules, des chèvres et autres animaux plus ou moins domestiques qui vivaient autour de moi.

Il y avait là des lionceaux, des sangliers, des biches, des antilopes, des panthères, des écureuils, et les oiseaux que chacun apportait dans ma maison avant qu'ils n'aient appris à voler.

Tout ce petit monde vivait familièrement avec les serviteurs noirs, effrontés, maladroits et rieurs, avec les nombreux visiteurs et amis noirs qui venaient dès le matin s'installer chez moi en me disant tout simplement : "As-tu passé la nuit en paix?..."

Autour de nous, pas de gendarmes ni de trottoirs, pas de barrières, de pièges à loups, ni de chasses gardées. La terre, l'eau et le ciel étaient à tout le monde comme le soleil et la lune. Les points cardinaux n'avaient plus d'importance, et si j'avais eu en mains une Rose des Vents, j'en aurais fabriqué un moulinet pour enfant. Une jeune lionne me tirait par la jambe pour jouer par terre, une antilope me léchait quand je faisais mes rapports et que je tachais de sueur mes livres, une perruche me mordillait l'oreille, et Kho-Kho surveillait mes repas. Je crois bien que j'ai vraiment recréé là-bas un petit Paradis Terrestre.

Seulement je ne le savais pas. J'étais comme Monsieur Jourdain qui faisait de la prose à son insu. Et c'est quand la Guerre accumula tant de haine que je m'en rendis compte. C'est après la Guerre, qui révéla tant de déceptions, que j'ai compris mon bonheur passé, mon bonheur léger, simple et joyeux, mon bonheur facile et lointain. Tout est recommencement: j'ai fait comme Adam et Eve, je ne me suis aperçu que j'avais un Paradis que lorsque je l'ai perdu.

Et c'est cette nostalgie qui me fit écrire *Le Livre des Bêtes qu'on appelle Sauvages*.

L'amitié que je portais aux bêtes et aux hommes, ils me la rendaient bien. Les bêtes ont ceci de particulier que rien ne rebute leur curiosité et leur besoin d'attachement, ni la pauvreté, ni la vieillesse. Quant aux indigènes, que de fois leur ai-je confié ma vie, alors qu'il suffisait, pour la détruire, d'une balle perdue, d'une pirogue chavirée au milieu de la nuit dans un fleuve peuplé de caïmans, d'un breuvage que je ne contrôlais jamais.

Ces bêtes, que je rencontrais dans la forêt ou qui entraient dans ma maison, je dois dire que je ne les ai jamais entendu parler. Ou si elles parlaient, c'est dans une langue que jamais les humains n'ont comprise. Voilà donc pourquoi je me suis abstenu de leur prêter un langage. Plus réaliste que Valmiki et son *Ramayana*, que Kipling avec ses bêtes de l'Inde magnifique, ou que notre fabuliste La Fontaine, je me suis contenté d'observer les détails de leur vie.

Quoique dépaysées, ces bêtes se trahissaient peu à peu devant moi, en attendant d'oublier leur nature sauvage. A toute heure, je surveillais leurs gestes en mêlant ma vie à leur vie, en leur inspirant confiance. J'ai surpris ainsi bien des attitudes que les bêtes libres cachent ordinairement aux hommes, j'ai connu leurs désirs et leurs secrètes pensées.

De cette existence en commun, il est résulté des amitiés splendides, avec les douceurs et les disputes de l'amitié. Il en est aussi résulté des malheurs. Car une loi fatale veut encore que les bêtes libres disparaissent en présence de l'homme: cette loi qui fait qu'elles périssent à son contact quand elles ne se sont pas entièrement livrées à lui en engageant toute leur descendance.

Le récit de ces heures, belles ou pénibles, je l'ai rapporté ici de la manière même que j'ai feuilleté le grand Livre de la Nature pour en déchiffrer les mystères.

ANDRÉ DEMAISON

I

KHO-KHO, LE MARABOUT

A

GABRIEL VOISIN

Inventeur de machines volantes

AMICALEMENT

I

C'était à l'époque où les hommes des deux mondes, las de ramper à la surface de la terre et confiants dans leurs moyens nouveaux, s'attaquaient plus hardiment que jamais au problème de la conquête des airs. Certains d'entre eux, qui jalousaient ainsi les bêtes volantes, passaient tout leur temps libre, l'œil collé aux jumelles, à surveiller les jeux des grands planeurs dans le ciel d'Afrique : lourds vautours aux rémiges écartées comme les cinq doigts d'une main, aigles couleur de feu qui, au moyen d'un empennage restreint et les ailes immobiles, pratiquaient de vertigineuses acrobaties, et surtout de gigantesques marabouts, qui pendant des heures entières, faisaient des ronds tout contre le plafond, impassibles et leur grand bec d'échassier penché vers la terre.

Ces marabouts ne se doutaient pas qu'ils étaient observés et continuaient leur antique façon de vivre, qui est de cueillir avec leur bec démesuré le menu fretin des mares et des rizières, de dépecer à l'occasion les grosses bêtes de la brousse, quand la mort, d'un bout à l'autre du pays, leur envoie un tel plat de résistance, et de faire leur digestion dans l'altitude solitaire. Jusqu'au soir où, les ailes et les pattes rompues de vieillesse, ils se laissent tomber du haut d'un perchoir nocturne. Leur bec phénoménal les entraîne et se plante dans la terre; ils deviennent à leur tour la proie des petits voraces qui hantent les terriers et le pied des arbres; et le vent du matin disperse, mêlées aux feuilles mortes, les plumes audacieuses qui, la veille encore, se frottaient aux nuages.

Il arrive parfois dans la vie d'un homme que ses plus étranges désirs soient contentés. Un des jeunes ambitieux qui cherchaient à surprendre le secret des oiseaux habitait les bords de la Casamance, dont les roitelets vendirent autrefois de nombreux esclaves à l'Amérique. Au cours d'une tournée dans la haute rivière, il vit un jour des Noirs du pays déposer sur le tillac de son canot automobile, entre le moteur et l'avant, un grand diable de marabout, de si haute taille que celui qui le tenait dit en manière de sentence:

— Tout oiseau qui le dépasse ne peut voler !

C'était une femelle, trop jeune pour avoir fait un nid, mais assez puissante pour se défendre. Maintenue par le bec et les deux ailes, elle battait l'air de ses longues pattes.

— Combien? demanda l'homme blanc.

— Une pièce de cinq francs, dit le plus âgé des Noirs qui savait que le maître du bord était grand amateur de bêtes de la brousse.

Celui-ci ne discuta pas et sortit une pièce à l'effigie d'Hercule et des deux déesses. Le Noir prit l'argent, le vérifia, le passa à ses voisins, après avoir émis une consonne gutturale en signe d'approbation.

— Lui avez-vous déjà donné un nom?

— Cette femelle d'oiseau n'est pas un petit des hommes; c'est pourquoi elle n'a pas de nom qui lui appartienne. Mais, ajouta un enfant, elle dit souvent "Kho" et encore "Kho".... Tu peux donc l'appeler ainsi....

— Méfie-toi du bec! conseilla un des Noirs. Il n'a jusqu'à ce jour blessé personne, mais il mérite de l'attention....

Sur un ordre, le mécanicien noir mit en route le moteur,—deux cylindres 100 × 120, et des coups à vous casser la tête. A cause de son rythme, les femmes qui lavaient le linge au bord de la rivière et les hommes qui se baignaient, en l'entendant passer, disaient: "Voilà le joueur de tam-tam!" Après quelques discussions,— retours de manivelles, éternuements du carburateur,— le canot démarra, créant un peu de brise factice et précieuse.

Les rives défilèrent, avec leurs arbres penchés, les palmiers écroulés qui tendaient leur bouquet redressé à ras de l'eau, et les buissons épineux farcis de nids de loriots communs; à quoi succéda, en attendant un autre paquet de brousse épaisse, la vaste plaine, transformée en rizière à la saison des pluies, où Kho-Kho avait sans doute pour la première fois subi la main de l'homme.

Le maître de l'embarcation repassait devant ces paysages, écartant avec l'étrave les éternels nénuphars, croisant les mêmes pirogues, les mêmes pêcheurs. Il prit le temps d'examiner sa nouvelle acquisition. L'oiseau n'avait pas plus de huit mois. Pour un marabout, c'est la jeunesse, mais une jeunesse déjà sérieusement armée.

Au bout d'un cou rose et blanc, une tête verdâtre

ornée de duvets fous. Le dos, noir de corbeau, et le
ventre blanc sale se terminaient par une queue noire,
matelassée d'un nuage de plumes vaporeuses. Les ailes
noires et presque verticales, carrées du haut, minces en
bas, serrées au corps, habillaient l'oiseau comme d'une
jaquette. L'une d'elles pendait immobile, plus bas que
l'autre. Suite de bataille. Le sommet du crâne atteignait bien la hauteur d'un enfant de sept ans ; mais si l'on
avait tenu le marabout par la pointe du bec, l'extrémité
aurait dépassé la taille d'un homme. Et ce bec,—deux
lames creuses accolées en forme de cornet dont la base
emboîtait intégralement la tête,—grisâtre avec des ner-
vures rosées, s'inclinait au sommet de cet édifice comme
une épée accrochée à une panoplie.

Le maître du bord était capable d'enthousiasme. Il
fut persuadé sur-le-champ que Kho-Kho ferait un ex-
cellent sujet d'étude et qu'ainsi la chance le favorisait.
Cependant il dit à mi-voix, considérant la tête presque
chauve de l'oiseau : "Tout en bec et en ailes ! Ce petit
crâne doit à peine contenir une cervelle aussi stupide
que celle d'un crocodile !"

Il aurait été naturel que Kho-Kho, regrettant sa
rizière et sa liberté, se débattît, cherchât à s'évader,
qu'elle attaquât les hommes qui l'emportaient. Mais
trop d'objets nouveaux lui modifiaient sa notion de
l'univers, si bien qu'elle ne trouva rien à crier ni à faire,
quand l'homme blanc lui saisit brusquement le bec,
sans crainte ni hésitation, lui gratta le tour des yeux et
d'autres points sensibles du corps où démange la pousse
des jeunes plumes. Et au moment où il lui pansa l'aile
blessée, Kho-Kho découvrit que l'homme était décidément meilleur qu'une certaine vieille femelle de la tribu

qui lui avait donné un coup de pointe à la jointure de l'aile pour la mettre hors de combat, à propos d'une branche de choix à la tombée de la nuit ou d'une place avantageuse au milieu d'une mare en voie d'assèchement.

La blessure, sans gravité, affectait seulement le muscle moteur, ce qui expliquait que la bête avait été capturée presque adulte. L'homme rogna les rémiges de cette aile : cela réduisait à peine les huit ou neuf pieds d'envergure de l'oiseau, mais lui démolissait tout son équilibre de vol.

Laissée à elle-même, Kho-Kho s'ébouriffa, secoua ces attouchements, adopta une place plus commode, c'est-à-dire moins près du moteur, et se reprit à considérer, tantôt d'un œil, tantôt de l'autre, son nouveau maître.

2

Le bateau longeait toujours les grandes plaines répandues entre la forêt et le fleuve, et dont les cuvettes carrées, rizières bordées de petits talus par les indigènes, sont chaque année remplies par les eaux du ciel. Les moustiques y pondent entre les tiges de riz ; les petits poissons y déposent leur frai qui se nourrit avec les larves des moustiques ; les hommes viennent, qui mangent les petits poissons et cueillent le riz. Et le cycle recommence, sous un ciel capable de faire bouillir la rizière comme une marmite.

Rien de tout cela n'intéressait Kho-Kho. On aurait dit cette jeune femelle,—d'une espèce si méfiante que la vue d'un homme à mille pas, fait fuir vers les nuages la troupe la plus affamée,—absorbée par la contemplation d'un être à la peau claire assis en face d'elle, et du coffre acajou et cuivre d'où sortaient les chocs du moteur et une affreuse odeur d'huile chaude.

Bien que dans l'attitude de la bête rien ne laissât percer une intention, le maître du bord ne la quittait guère de l'œil. Jusqu'au moment où il se décida à déjeuner d'un perdreau froid, rôti de la veille.

Kho-Kho bougea imperceptiblement la tête et le cou. En voyant découper le perdreau, elle tenta un pas en avant. Un pas timide et grave, qu'elle ne retira point lorsque le maître la regarda en face.

— Méfie-toi du bec ! cria l'homme de barre par-dessus le bruit du moteur.

Le maître lança vers l'oiseau une cuisse du rôti. La chose n'eut pas le temps de toucher le plancher : Kho-Kho l'avait saisie au vol. Elle la faisait sauter deux ou trois fois, et la pinçait entre les pointes du bec pour la reconnaître. Un vif recul de la tête, un coup lancé en avant, et la cuisse de perdreau avait disparu. Lentement, elle descendait le long du gosier et du cou.

Sauf une aile que le maître garda pour lui, tout le rôti passa entre les deux lames du bec de Kho-Kho. Quand ça n'allait pas assez vite, elle avançait; mais à aucun moment elle n'essaya de piquer. Alors que d'un geste précis, elle aurait pu, sans difficulté, enlever un œil à son nouveau maître, Kho-Kho semblait au contraire être devenue très vite une amie, au point que la nature entière penchée sur le canot aurait pu croire que la bête avait été entraînée d'un coup dans le tourbillon vital de l'homme à la peau claire.

Le boy qui enlevait les assiettes et les lavait au fil de l'eau, tout contre les flancs du canot, dit :

— Par la ceinture de mon père! cet oiseau qui se tient debout devant nous va sûrement commander aux autres bêtes de la cour et les tuer pour les manger....

A quoi un des passagers, vieux Mandingue à figure de prophète, répondit:

— Les bêtes, peut-être, mais pas le Toubab! Je puis jurer que le jour où ces "hommes-aux-oreilles-rouges" éprouveront le besoin de ranimer leur courage, ils élèveront de vrais lions dans une cour, comme des bœufs, pour en faire leur nourriture!

La rivière s'était transformée en fleuve large d'une lieue. Kho-Kho n'avait pas bougé, dédaignant de regarder les espaces qu'elle ne pouvait plus parcourir, les yeux fixés sur son maître,—l'un après l'autre. Elle attendait une nouvelle aubaine, avec la patience dont toute sa famille, depuis des millénaires, use pour explorer les mares et les rizières.

Après des heures de navigation monotone, la petite ville où habitait le Toubab apparut, avec, tout contre l'eau, ses arcades blanches écrasées de haute verdure. Puis, ce fut le débarquement,—Kho-Kho enlevée à bout de bras et passée de main en main,—la rentrée par une allée de manguiers sombres, dans la maison allongée que recouvraient de belles tuiles de Marseille patinées par les pluies d'hivernage.

Le personnel de la maison attendait sous la véranda. Ils dirent tous en voyant Kho-Kho tenue par le bec et par les ailes:

— Une autre bête est entrée dans la maison!... Ouaï, ma mère! les bêtes de l'univers entier y entreront!

Comme il était tard, la cour et la basse-cour étaient endormies. On posa Kho-Kho, droit au milieu, sous un citronnier.

Le contact avec la terre ferme, la vue des bâtisses, des magasins, des vérandas, rien ne parut l'étonner. Que faire, au surplus, avec une aile abîmée, à l'entrée de la nuit qui obscurcit tous les chemins, même les chemins de l'air?

Le chien de la maison, un métis roux taché de noir, accouru pour fêter le retour du maître, flaira Kho-Kho qui ne bougea pas, et attendit le lendemain pour inspecter le nouveau venu. Habitué à voir passer dans la cour tous les animaux de la terre, il demeura fort tranquille, sachant bien qu'un oiseau ne mange que du grain et ne peut jamais devenir un concurrent, assuré qu'une telle volaille était destinée à la cuisine, tout comme les poules, et qu'il en croquerait la carcasse.

...Fidèle et affairé, il s'en fut autour de la table, en plein éclat de la lampe à acétylène, laissant dans l'ombre indifférente le grand oiseau qui, de sa vie, n'avait vu de lumière nocturne hormis celle de la lune qui appartient à tout le monde.

La première heure du matin trouva Kho-Kho sous le citronnier: elle n'avait pas bougé d'une ligne, était restée debout, le bec pendant, les ailes repliées, les mains dans ses poches. La peur de l'obscurité qui hante les habitants de la brousse n'effleure même pas le crâne verdâtre et duveté d'un marabout pour la raison que les chats-pards et autres bêtes sournoises ont, depuis des générations éloignées, perdu le souci de se faire cueillir un œil à tout hasard au cours d'une attaque de nuit.

Mais quand le maître de Kho-Kho, qui était aussi celui de la maison, apparut sous la véranda pour prendre son café, c'est toute sa cour qu'il trouva en émoi, obsédée par le nouveau pensionnaire.

Agrippées aux balustrades, les perruches domestiques, si bruyantes d'habitude, restaient muettes d'étonnement. Les deux chats à tête de panthère et qui n'engraissent jamais, juchés sur des colonnes, surveillaient à mi-œil cette volaille au long bec, si haute sur ses tiges. Sorties du parc où elles vivaient à l'ombre des manguiers, des biches rayées, des biches naines, des biches fauves, une à une, timides ou maniérées, s'avançaient en théorie, faisaient front un instant, les pattes ployées pour sauter de côté ou en arrière au moindre mouvement du bec. Des aigrettes apprivoisées qui se mêlaient d'ordinaire à la basse-cour faisaient maintenant des taches blanches sur le toit et, comme dans la colère ou en plein orgueil, ébouriffaient leurs plumes onduleuses et souples. Les singes verts enfin, émotifs à l'excès, accroupis sur des chaises, près du maître, se grattaient distraitement, essayant en vain de détourner leurs regards de ce ventre blanc, de cette tête ronde et nue, et surtout du bec, de ce fameux bec !...

Quant à l'antilope-coba, qui ne craignait personne, elle passait et repassait devant l'oiseau, insensible en apparence : que lui importait ce mangeur de poisson et de viandes mortes ?

Dans la courte fraîcheur du matin, les bêtes de la cour entière, celles qui avaient toujours obéi à l'homme et celles dont les pères et les mères avaient vu planer le père et la mère de Kho-Kho, se demandaient avec inquiétude d'où pouvait leur venir ce surprenant et immobile compagnon.

Il y avait également un tout petit garçon de rien du tout, le fils du comptable mulâtre, un petit garçon frisé, potelé, que sa mère allaitait encore, bien qu'il eût dépassé sa première année. L'enfant, dont le corps, couleur de croûte de pain, brunissait encore à l'air chaud, était chaque jour installé sur une natte, à l'ombre, avec le ciel lumineux pour plafond. Tout nu, il se sentait plus heureux qu'un fils de roi qui a des précepteurs et des coliques.

Sans apparence de mouvement, Kho-Kho surveillait à droite, surveillait à gauche, et au moyen d'un insensible pivot, regardait derrière elle, considérant tous ces êtres qui ressemblaient si peu au caïman vautré au bord de la rizière, aux tourterelles qui passaient comme des flèches dans le ciel et dont l'image rayait les miroirs d'eau, aux bécassines, aux courlis et aux vanneaux qui fréquentent peureusement les cuvettes poissonneuses aux bords pourris de vermisseaux. Tout cela aussi différait fortement des lourdes viandes qui habitent les eaux du fleuve, des hommes à peau noire qui se penchent sur la terre et vont en pirogue, des hommes à peau blanche enfin qui n'ont pas peur d'un marabout, calment la douleur d'une aile et donnent à manger des perdreaux à leur prisonnier.

3

Eveillée avec le jour, la ville s'adonnait à son agitation coutumière. Le forgeron et le tisserand heurtaient ou faisaient gémir le vent qui passait sur la petite ville;

les pintades domestiques trouaient les palissades de leurs cris gutturaux; les coqs s'interpellaient, les poules scandaient le piaillement des poussins ou chantaient la joie d'avoir augmenté leur future couvée; les chiens aboyaient,—d'une autre façon que la nuit, mais aboyaient quand même, parce que tout remuait. Seule, Kho-Kho ne bougeait toujours pas. Kho-Kho observait, comme si elle choisissait un adversaire ou un ami.

Ce fut un rayon de soleil, tombant entre deux arbres, droit sur son dos, qui la décida à changer d'attitude. Sous la caresse chaude, elle écarta les ailes et les disposa en forme d'M, souleva la queue, baissa la tête et demeura de la sorte comme absorbée par la contemplation d'un objet qui serait d'un coup sorti du sol devant elle.

Un ancien parmi les Noirs, vieil ami de la maison et du maître, déjà familièrement assis entre deux portes, murmura:

— Ainsi faisaient son père et sa mère et ses grands-parents jusqu'aux générations oubliées, pour surveiller le poisson à tête légère qui vient se mettre à leur ombre.

Comme les animaux n'avaient pas le savoir de l'ancien, ce fut une belle débandade dans la cour. Les singes lâchèrent les fruits qu'ils tenaient en mains et grimpèrent sur les chapiteaux de la véranda; les perruches poussèrent des cris aigus et se retirèrent dans les chambres avec les manières d'un champion de la marche à pied; l'antilope secoua les oreilles (ce qui marquait le plus haut étonnement); d'un bond, les biches furent derrière les palissades de leur parc, les chats sous une table. Quant au chien, la queue basse, il se mit à grogner tout contre les genoux de son maître pour l'avertir d'un insolite danger.

Ce hourvari déclencha les cris stupides de deux grues couronnées, abritées dans un enclos à claire-voie et qui se mirent à jouer de la trompette en hérissant leur cimier. Seul, le "secrétaire" à bec et serres d'aigle, perché sur ses hautes pattes dans un autre enclos, demeura tout indifférent, car il ne se nourrissait que de serpents venimeux.

Les serviteurs noirs qui passaient dans la cour, s'arrêtèrent et se dirent entre eux:

— Regardez l'oiseau! il fait sa prière!

La mère du bébé brun s'écria:

— Cet oiseau est fou et son bec trop long!...

Et elle emporta son fils dans sa chambre.

Les hommes blancs, nul ne l'ignore, sont ennemis de l'immobilité. Le maître de Kho-Kho n'échappait pas à la règle. Pour exciter son nouveau pensionnaire, il envoya le boy acheter quinze carpes pour dix sous, unité monétaire courante de cette heureuse époque. Il fit découper un poisson et commença d'en lancer un morceau à Kho-Kho, croyant la réveiller d'une profonde rêverie.

Mais Kho-Kho n'avait pas perdu de vue un geste, une attitude, une position des hommes et des bêtes de la cour enchantée où l'avait transportée son destin. A l'entrée du boy chargé de carpes, elle avait frémi légèrement et à peine contracté ses ailes. Mais, seuls, une chauve-souris et un oisillon auraient été capables de percevoir ce minime changement.

Bien que lancé comme un projectile, le morceau de poisson fut cueilli en pleine trajectoire, d'une subite détente du col et du bec.

Le maître à la peau blanche rit. C'est une heureuse chose que de rire: on ne rit pas aussi aisément qu'on pourrait le supposer, lorsque les années de séjour sous le Tropique et à travers les continents ont exaspéré les nerfs et calmé les étonnements.

Les autres morceaux partirent avec rapidité. Cela devenait un jeu: chose rare également en dehors du tennis, du poker et du bridge à l'heure de l'apéritif. Pas une fois les projectiles-poisson ne touchèrent le sol. Kho-Kho rectifiait d'elle-même le tir, par un cou lancé en avant, un ploiement de tête en arrière. Le bec évoluait dans l'air, aussi léger qu'une plume. Cette énorme chose pointue,—un demi-mètre,—se comportait comme l'épée d'un escrimeur.

La cour entière suivait le jeu. Les Noirs s'écrièrent:
— Ouaï! un malheur est arrivé! Ces dix sous de poisson auraient fait un si bon riz!

Le chien eut un moment l'air de vouloir disputer à Kho-Kho la victuaille. Un ordre du maître le rabroua. Il fit alors semblant de mépriser un animal qui mangeait de la viande fade et qui ne saigne pas.

Curieux et redescendus sur les balustrades, les singes accompagnaient d'une main chaque geste de l'oiseau géant, comme s'ils cherchaient eux-mêmes à attraper des bananes imaginaires. Et les perruches, muettes, hochaient la tête toutes les fois qu'un ventre ou une queue de poisson tombait dans le bec de Kho-Kho. Elles qui poussaient la prudence, selon la méthode de la race, jusqu'à ne jamais desserrer la patte sur une branche avant que leur bec courbe en ait solidement pincé une autre, admiraient que ce long bec pût, à lui seul, faire tout le travail.

Le jeu devenait trop lent. Le maître cherchait toujours plus fort, excité par l'appétit insatiable de l'oiseau.
Ce ne furent plus des morceaux, mais des poissons
entiers qu'il lança. Kho-Kho ne faiblit point, attrapa
le premier, le tâta du bec, le fit sauter, le mit en long,
la tête de son côté et, d'un seul recul et d'une poussée
en avant, le fit disparaître. Un deuxième suivit, un
troisième, puis un quatrième. Et Kho-Kho s'arrêta.
Son jabot était plein et les deux dernières carpes lui
restaient dans le gosier. Pis encore, elle ne pouvait plus
remuer la tête et demeurait ainsi, les ailes fermées, le
rideau blanc des fausses paupières à demi baissé, le bec
oblique.

Et la cour entière attendit l'événement. Tous les yeux
ronds, ovales, bruns, noirs, jaunes, de côté ou de face,
tous brillants, surveillèrent le cou du marabout
déformé par un double goître.

Le soleil montait et prenait dans le ciel une place
irritante. A travers le feuillage des arbres qui abritent la
petite ville, ses paillotes et ses maisons couvertes de
tuiles, une pluie de lumière tombait, brûlait le sol, les
fleurs de France et les feuilles de citronnier.

...Bien avant que le soleil ne fût à la verticale, le cou
de Kho-Kho était vide et avait repris sa souplesse. De
goître, il n'en existait plus. Désinvolte, l'oiseau s'était
remis en posture de prière, l'œil confiant, tout le corps
plein de reconnaissance à l'égard de la maison des
hommes.

Quand le maître revint se préparer pour le déjeuner,
il n'en crut pas ses yeux : autour de la bête aucune trace
de poisson.

— Kho-Kho, dit-il, est vraiment digne de ma collection....

Et avec ses employés et ses amis, il se mit à table.

Les Toubabs mangèrent et burent. Ils burent surtout. Après une année de séjour dans une escale de la Haute-Casamance ou de toute rivière africaine, par trente-cinq ou quarante degrés de chaleur, boire est plus facile que de manger; même quand ce manger flatte les vices de l'estomac avec des mélanges de riz, d'huîtres sèches, de piment rouge, et autres condiments redoutables ou malodorants.

A la porte se tenait le chien. C'était sa place depuis qu'il était jeune chiot marchant de côté d'un air assez naïf. Il recueillait ainsi les restes du poulet quotidien, l'os du gigot dominical, les côtelettes qui sentaient trop fort et que l'on servait aux invités avec une boîte de conserves pour leur faire croire que l'on était en France.

C'était là aussi que, le soir, il écoutait le phonographe, hurlant de longues plaintes rauques quand il s'agissait de Chaliapine ou de la *Prière d'Elsa*. Il tenait cette place d'un droit imprescriptible et quasi divin, tout comme les mendiants aux portes des églises. Il était même plus sensible que les hommes à ses prérogatives.

Les chats ronronnaient à la cuisine, près du fourneau à charbon de bois, entre les sandales du cuisinier et les pieds nus du marmiton. Les biches dormaient dans le parc, aux coins les plus ombreux, comme il est de règle dans le brousse où l'on n'aime guère brouter l'herbe chaude. Distraits, les singes jouaient ensemble à se chiper des arachides, à se disputer un bouton de culotte qu'ils suçaient alternativement en clignant des yeux. Quant aux perruches, rassasiées de millet, de sucre et de menus biscuits, toute inquiétude perdue au sujet d'un tel original, elles s'étaient remises à siffler, à jacasser, à répéter les quelques insultes contre les mères des indigènes, que les perruches et les "nouveaux-débarqués" apprennent avant toute chose.

Ce fut à ce moment que l'immobilité abandonna Kho-Kho. Comme si elle avait tout à coup reconnu que le sol entier de la cour était une terre ferme, ne pouvant encore battre des ailes à cause de sa blessure, elle se décida à marcher. Jusque sur le carrelage de la véranda, elle gardait cette allure compassée et prudente que ses ancêtres avaient mis des siècles à acquérir pour arpenter les marais et les rizières dont le miroir cache la profondeur et où le menu poisson prend aisément frayeur de la moindre brusquerie. Et le fait d'avoir été prise par des hommes à la peau noire, et d'habiter à cette heure une enceinte sans horizon chez des hommes à la peau blanche, n'était pas une raison suffisante pour quitter une habitude ou en changer sans souci du passé.

Ainsi Kho-Kho arriva vers l'entrée de la salle à manger. Le chien grogna. Le marabout répondit par un battement d'ailes et deux petits claquements de bec.

L'affaire n'eut pas de suite. Mais Kho-Kho savait maintenant deux choses,—et nul ne pouvait se douter qu'elle les savait, car elle ne manifestait pas plus d'émotion qu'un clown qui connaît son métier. Elle savait qu'une porte existait, derrière laquelle on entendait du bruit et par où était entré le poisson, et un

endroit dans la maison où les hommes blancs, qui donnent ce poisson au delà de l'appétit, mangeaient eux-
mêmes des viandes qu'un homme noir leur apportait.
C'était beaucoup pour un premier jour.

4

Les jours suivants passèrent ainsi. Le maître jouait
tous les matins à lancer du poisson, comme il avait
appris à le faire dans son enfance en admirant le gardien
des otaries au Jardin d'acclimatation. L'émoi introduit
dans la maison par Kho-Kho s'était calmé. Chacun des
animaux avait repris ses petites habitudes qui avaient
remplacé les autres habitudes vieilles de plusieurs
milliers d'années et que seules gardent fidèlement les
bêtes dans la brousse.

Kho-Kho, pour sa part, croyait bien s'être rendu
compte que nul ne lui voulait du mal, et que la place
qu'elle occupait en hauteur ne gênait ni le chien qui
s'allongeait, ni les perruches qui se perchaient, ni les
biches qui se trémoussaient discrètement et encombraient si peu d'espace sur leurs pointes, malgré leur
corps ondulé et dodu.

Et les chats à tête de panthère s'étaient remis à leur
sommeil du jour.

Pendant ce temps, tout en haut dans le ciel, passaient
les grands rapaces et les canards migrateurs. Ils criaient
à Kho-Kho les nouvelles de la brousse. Mais Kho-Kho
ne les écoutait pas. Elle ne pensait qu'à l'homme qui la
gavait de nourritures variées. A peine feignait-elle
maintenant de reculer à son approche : lointain rappel
de la fuite dans les airs à la première vue d'un chasseur.

Son aile guérie, elle courait un peu en simulant un vol, comme aux premiers jours qu'elle était sortie de son nid perché en haut d'un très haut kapockier; mais elle finissait par se laisser prendre le bec, qu'elle refusait tout d'abord. Son maître lui grattait le crâne, l'entre-deux ailes. Tout allait bien. Les habitants du ciel pouvaient à leur aise continuer leur course : les êtres qui marchent debout et qui parlent, étaient autrement in-téressants et moins redoubtables que les vieilles femelles de marabout incapables de pondre....

Ainsi la vie s'établit-elle dans la maison, jusqu'au jour où le maître repartit en voyage, sur son canot auto-mobile à travers les méandres du fleuve large et surchauffé.

Le lendemain Kho-Kho jeûna. Le surlendemain, son jabot étant toujours creux, Kho-Kho alla à droite, alla à gauche, et, comme on était en saison sèche, ne trouva pas la moindre limace, pas le moindre crapaud à se mettre au bout du bec.

Pourtant les autres bêtes de la cour mangeaient. Le chien rongeait les os de la cuisine, sortait de la con-cession, revenait avec une mine satisfaite. Les perruches décortiquaient des arachides et des grains de mil. Les biches et l'antilope stationnaient longuement, la tête basse, devant des tas d'herbe et de paille qu'on leur apportait. Pourquoi elle, Kho-Kho, ne mangeait-elle pas ?

Ce que Kho-Kho ignorait, c'est que son maître avait laissé au boy de jolies petites pièces de dix sous, bien usées, bien polies, mais capables de procurer chacune quinze carpes ou quinze mulets, sans discussion, et que, ces pièces, le boy les gardait pour acheter tous les soirs un flacon de parfum destiné à ses promenades nocturnes.

Lasse d'attendre, ayant épuisé toutes les recherches dans la cour et trouvé la salle à manger vide, Kho-Kho se souvint de la porte par laquelle, au premier jour de son arrivée, avait pénétré le poisson, et par où, tous les matins, le chien revenait, la gueule réjouie et la queue frétillante. La porte était entr'ouverte : Kho-Kho s'en approcha, pas à pas, avec la même précaution que si elle eût sondé une rizière ou un bord de marécage avec ses longues pattes blanchies à la chaux.

La porte passée, le sol était aussi ferme que dans la cour, mais encombré d'hommes....C'était la place du marché.

Kho-Kho s'arrêta, étourdie. Il y avait là, sur sa droite, les vendeuses de miel, de beurre, de condiments aigus et féroces, les débitants de vin de palme ; devant elle, sous un hangar, les marchands de poisson ; plus loin, les tailleurs d'habits et les colporteurs de verroterie ; à gauche les bouchers, derrière leur étal, leurs balances et les quartiers de viande : toute la viande du pays !...

Parmi les groupes, furetaient des chiens roux, des canards, des poules et leurs poussins ; et des cultivateurs sans nombre allaient et venaient, qui de bon matin avaient quitté leurs champs.

A la vue du grand échassier, un coq rugit, un autre lui répondit ; les poules s'enfuirent, entraînant leurs poussins qui tentaient un vol oublié bien des siècles avant leur naissance ; les canards zigzaguèrent, la queue en godille. Les enfants s'aplatirent contre les hommes, les femmes piaillèrent tout d'un coup comme si le Nîn-kinenka, qui habite mystérieusement les sources des rivières et dont la seule vue fait périr les curieux, était apparu sur la place. Les hommes, pour faire montre de bravoure, ne reculèrent pas, mais s'arrêtèrent dans leurs occupations.

Beaucoup d'entre eux étaient avertis de la présence du marabout dans l'escale; tous savaient, pour l'avoir entendu dire de la bouche des anciens, qu'il est maléficieux de tuer un oiseau de cette espèce. Aucun, d'ailleurs, n'avait l'intention d'en arriver là: Kho-Kho appartenait à un homme blanc dont l'humeur était changeante et ressemblait tantôt à du beurre, tantôt à du feu.

Les uns dirent:

— En vérité, les hommes-aux-oreilles rouges sont les plus puissants maîtres du monde! De toutes les bêtes ils peuvent faire un ami ou un serviteur!...

— Ils le peuvent! appuya un griot d'une voix prétentieuse. Ainsi ont-ils fait pour nous!

— Méfiez-vous du bec! cria un homme de la campagne, aux pieds larges et plats à force de se détremper dans les rizières.

Kho-Kho, par ses yeux ronds et noirs, mit un temps à absorber les détails du marché. Quand elle eut constaté l'immobilité de tous, elle avança de nouveau une patte, puis une autre. Non point dans la direction du miel, ni des cotonnades et des verroteries, mais vers le poisson et la viande. Son œil droit et son œil gauche ne voyaient plus que les tas de carpes et de mulets, les monceaux de mâchoirons et de congres, qui s'élevaient sur le ciment de l'administration. Dans sa cervelle exiguë revinrent en un instant les habitudes des marabouts qui fréquentaient autrefois les abattoirs d'Egypte

et vivaient en bons termes avec les bouchers. Elle avançait à pas comptés, mesurés, sans surprise possible: on
sentait bien qu'elle ne romprait pas d'une longueur.

A ce moment, un Mandingue, plus audacieux, lui
envoya à la volée une badine dont il jouait à la façon
dégagée d'un certain agent général de société com-
merciale. Non seulement la badine ne cassa point une
des pattes de l'oiseau, mais elle ne toucha pas le sol.
Kho-Kho l'avait saisie, la tâtait entre les deux lames du
bec et la laissait tomber avec dédain.

Ce fut un déclenchement. Les rieurs,—et ils n'at-
tendaient qu'un signal pour rire de leur frayeur première,—furent du côté de Kho-Kho. Tous voulurent
s'amuser. Les pêcheurs commencèrent, les bouchers
suivirent. De toute part, volèrent des têtes de poissons,
des bouts de viande, de suif, même des tranches de
manioc. On vit des Noirs, afin de participer au jeu, se
précipiter pour acheter des morceaux de filet, de bavette,
de jarret, qu'on ne songeait plus à peser.

Kho-Kho ne décevait personne. Son cou n'était plus
un cou, son bec n'était plus un bec, mais une tige de
piston de locomotive et une bielle assemblées, allant à
droite, à gauche, devant, derrière, le tout monté sur
billes.

Soudain, le jabot et le cou pleins à craquer, Kho-
Kho se retourna, dédaigna les réserves qui tombaient
encore à ses pieds et, tête haute, bec horizontal, se
dirigea vers la cour, avec l'assurance d'un paysan qui
se reconnaît aisément dans la grande ville.

Tout le marché, mis en joie, retrouva ses occupations
séculaires, et le policier noir, chargé de prévenir les disputes et les vols, reprit son autorité un moment oubliée.

Arrivée dans la cour, Kho-Kho se gratta, lissa les plumes de ses ailes et de sa queue, et changea de place sans tenir compte du chien, des biches, des perruches, des singes. Sans provocation, avec indifférence.

Ainsi, les jours suivants. Le boy, pour garder les dix sous quotidiens, tenait la porte ouverte.

Cependant, sur la tête de Kho-Kho, passaient et repassaient les messagers de la brousse. Les cailles, amenées par le vent du nord, lui parlaient des déserts et des plaines herbues ; les tourterelles, pourtant familières des villages, lui criaient leur étonnement : les aigles répandaient dans le ciel leur cri de chasse ; les ibis roses, au col souple et noir, qui fréquentent également le Nil et la Camargue, lui rapportaient les nouvelles des marécages ; et les grands hérons gris, en la voyant esclave, s'enfuyaient à tire d'ailes vers leur île boueuse et libre....

Inutilement : Kho-Kho ne faisait plus attention qu'aux hommes qui parlent fort, qui sont capables de lancer la viande et le poisson, et à son maître qui savait également gratter et donner des coups de pied à vous soulever de terre.

5

Le maître revint de tournée. Il s'amusa fort quand on lui raconta les aventures de Kho-Kho. Satisfait, il la caressa davantage et dit : "Je pourrai bientôt commencer mes expériences"....

Il était fier de capter la confiance du plus méfiant oiseau de la brousse et du plus dangereux. Et lorsque Kho-Kho picotait son bras nu, le plaisir de son cœur était autrement subtil que celui qu'il prenait aux

caresses du chien et aux ronrons de tous les chats du
monde.

— Tu ne dois rien craindre, lui disait l'ancien parmi
les Noirs, puisque tu ne crains pas le bec de ton
oiseau....

— Jamais un homme n'a été mon ami comme l'est
Kho-Kho, répondait-il.

Les lunes se succédèrent, et Kho-Kho, devenue très
à l'aise dans la maison des hommes, se sentit chaque
jour plus haute et plus puissante. D'un coup d'audace,
elle évinça le chien et se rendit maîtresse de la salle à
manger, picorant à loisir dans la porcelaine de Limoges,
imposant la menace de son bec. Un jour, elle avala
inopinément un os de gigot dans toute sa longueur, et
mit en confusion les animaux de la cour entière qui
espéraient sa mort.

Et tout à l'avenant, sans points de repère ni com-
paraisons possibles avec les coutumes antiques des
marabouts.

Toutefois, à mesure qu'augmentait son poids, il lui
venait des envies soudaines de se détacher de terre et de
s'élever par-dessus les maisons et les arbres. Comme
son maître lui rognait encore les rémiges, elle ne par-
venait qu'à esquisser des bonds élastiques et ridicules;
jusqu'au moment où elle s'arrêtait devant le bébé
croûte de pain.

Ne craignant plus Kho-Kho, la mère avait de nouveau
installé son enfant sur une natte. L'enfant appelait la
Nature à grands cris et de ses petits bras tendus. Et
la Nature serait venue à lui, les singes pour lui chiper

ses bananes, les perruches pour déchiqueter la natte et lui pincer les orteils, les biches et l'antilope afin de grignoter les biscuits que le père lui apportait, et chaque bête de la cour. Mais Kho-Kho faisait bonne garde, tournant autour du bébé, sans hâte, surveillant l'air et la terre.

La première fois, elle s'était arrêtée, interdite, à la vue de cette petite chair ocrée qui ressemblait à son maître et aux hommes grands. Puis, voyant qu'aucun malheur ne lui tombait sur les reins, elle s'était mise à promener les pointes de son bec, très doucement, très tendrement, sur la peau fragile et brune, remontant le long de la nuque, faisant le fer à friser à travers les cheveux bouclés.

Maintenant, un scarabée qui rampait, un papillon qui voletait par là, se trouvait hardiment déchiqueté, comme s'il eût été un ennemi mortel de l'enfant des hommes.

Et l'ancien parmi les Noirs, qui observait le jeu, se mit à dire :

— Elle commence de savoir ce que sont les petits.... C'est Dieu lui-même qui a écrit cette vérité dans toutes les cervelles !

Pendant l'absence du maître, quelqu'un de la maison eut envie de miel ; non pas de celui qu'on pouvait acheter au marché, à dix sous la bouteille, fluide et doré comme de l'huile, mais de miel en rayons qui ne coûtait rien. Or, les abeilles, farouches et susceptibles quand elles ruchent dans le creux d'un arbre, sous la protection des génies, s'installaient chaque année à travers la maison du maître de Kho-Kho, derrière les meubles, sous les toits de tuile. "Ça n'arrive que dans les maisons heureuses !" disait-on. Les essaims ne faisaient aucune objection au bruit des hommes, ne s'opposaient pas à leur va-et-vient, sortant et rentrant avec leur butin, dormant à la lumière des lampes; tout au plus bourdonnaient-ils en chœur lorsque, par inadvertance, un maladroit heurtait la grappe sombre que formait une de ces familles ailées. Périodiquement et à tour de rôle, on découpait la nuit un rayon garni de miel: cela provoquait une colère passagère, et la vie méthodique et affairée reprenait son cours.

L'homme, tourmenté par le désir de miel frais, n'attendit pas la nuit qui devait ramener le maître: en plein jour, il monta sur le toit, découvrit les tuiles et dévasta une ruche pour empiler les rayons dans une cuvette.

Explosion d'abeilles. Sarabande d'aiguillons affolés qui s'abattaient en tout sens sur les êtres vivants.

L'enfant ocre et rose se roulait sur sa natte, indifférent au tumulte. On put alors voir Kho-Kho, debout devant le bébé, abandonner soudain sa réserve habituelle et lancer le bec de tous côtés, infatigable, hachant sans répit les menus ennemis du petit des hommes. Bientôt le bec ne suffit plus: Kho-Kho déploya ses ailes en épouvantail et les agita si bien qu'elle réussit à créer une zone de protection jusqu'à l'arrivée des parents qui accouraient pour enlever son protégé à la fureur des abeilles.

La célébrité de Kho-Kho emplissait déjà l'escale: elle déborda sur le pays. Ses exploits furent, comme toujours, exagérés.

Certains villages prétendirent que l'oiseau avait avalé

un mouton entier, "pas un mouton de petite race, mais un mouton haut sur pattes et engraissé pour la fête !..." et qu'il avait sauvé de la mort le fils d'un homme puissant.

Les Blancs qui habitaient le long du fleuve, en quête de divertissements, prirent prétexte d'achats, de règlements, de courriers en retard, de cent litiges, pour venir voir Kho-Kho. Son maître dut faire ouvrir des caisses d'apéritifs et de liqueurs, des boîtes de conserves et de biscuits, dépeupler les basses-cours, pour traiter ces amis.

Le griot d'un grand chef défunt, qui, pour gagner sa vie dispersait son talent, chanta au milieu de la place publique :

> Ruse et force !
> Le Toubab a fait palabre
> Avec les Génies de la brousse,
> Ceux qui couchent dans l'herbe,
> Et ceux qui dorment sur la tête des arbres.
> Il leur a dit des choses si agréables
> Qu'ils l'ont suivi dans sa maison...
> Et de tous il a fait ses esclaves.
> Son pouvoir nous dépasse !
> Force et Ruse !

Pourquoi la louange épargnerait-elle le cœur des hommes ? elle est agréable à Dieu.

Toutefois, rien ne faisait fondre le cœur du Toubab comme l'amitié de la bête, dont les preuves se multipliaient chaque jour. Bien que périodiquement rognées, les plumes de Kho-Kho lui permettaient de s'envoler à faible hauteur : elle en usa pour s'installer chaque soir sur le toit de la maison, au-dessus de l'emplacement exact de la chambre à coucher, qu'elle avait repéré avec la même sûreté que ses semblables, de la hauteur des nuages où ils planent, distinguent un poisson dans une mare.

Les roussettes, pendues le jour aux kapockiers géants qui ombrageaient la cour et les allées, s'agitaient au crépuscule à la vue de ce grand oiseau noir et blanc qui montait à leur rencontre. Et le maître se proposait, si Kho-Kho mourait, de mesurer la capacité de ses moelles et de peser sa tête : sans le fameux bec, naturellement, capable de fausser tous les calculs.

6

La saison des cultures arriva, saison des grands vents et des buées chaudes qui montent de la terre humide. Les hommes blancs ne venaient presque plus voir Kho-Kho, à cause de la pluie, dont les Mandingues avisés s'abritaient en ouvrant sur leur tête les "ailes de chauve-souris" qu'ils achetaient dans les boutiques, et que ces hommes blancs appellent prosaïquement : parapluies.

Mais un jour vint où la terre se raffermit. Aux souffles du nord, les hommes noirs chantèrent en relevant la tête à la pensée des récoltes. Ce fut aussi l'époque où les marécages se dessèchent, où les fleuves se rétrécissent ; l'époque où les oiseaux, grands et petits, amassent des branchettes, des herbes et des crins, les disposent sur les hautes fourches des arbres, et s'arrachent du corps les duvets superflus afin d'adoucir l'intérieur des nids.

Dans ces jours-là, le maître de Kho-Kho la surprit en train de regarder le ciel, la tête chavirée, tantôt de l'œil droit, tantôt de l'œil gauche, dédaigneuse de la

cour trop connue et trop soumise. La bête—il s'en
rendait compte—cherchait des espaces plus grands
qu'une concession entourée de bâtisses et de palissades,
couronnée d'arbres uniformément hauts et penchés,
avec un citronnier au milieu.

Dans ce même temps, Kho-Kho, jusqu'ici peu
soucieuse de son extérieur, s'occupa beaucoup de son
plumage, devint coquette et se mit à jouer avec les
paquets de duvet qu'elle retirait de son corps. Un
observateur averti aurait alors pu la voir qui choisissait
de petits bois éparpillés et les faisait sauter à bout de
bec. Mais les hommes étaient trop occupés à vivre leur
laborieuse et chaude existence.

Chaque jour, en revanche, se réunissaient sur les
arbres de la concession les menus habitants des futaies
voisines. Venaient là des merles bleus, des merles
violets, des merles mordorés, des merles à longue queue,
futiles et bavards ; des huppes, des évêques en manteau
cramoisi, des oiseaux-mouches à gorge de rubis, des
chanteurs gris qui sont les ténors de la brousse, des
foliotocoles dont le plumage est fait d'opales et d'ém-
eraudes juxtaposées, et jusqu'à de minuscules petits-
sénégalais gainés de corail qui avaient quitté le chaume
familier des cases indigènes. Tous, un œil au ciel, un
œil à terre, contemplaient le grand oiseau qui n'usait
plus de ses ailes, qui négligeait près des hommes la loi
des ancêtres, la loi des marabouts qui, eux, s'écartent de
la ville. Et ces petites cervelles curieuses en oubliaient
leurs risques et leurs soucis, les crins, les bouts de ficelle
et d'étoffe qui renforcent l'armature des nids, et les
mille déchets que l'on ne recueille qu'autour de la
maison des hommes.

D'autres fois, quand elle croyait que personne ne la remarquait, elle s'essayait à voler, courant et agitant ses ailes, soulevant des tourbillons de feuilles mortes, à l'étonnement des roussettes et des chauves-souris, cachées dans le feuillage et qui riaient de voir ce grand oiseau si lourd et si malhabile.

— Fais attention, Toubab ! dit le vieil ami noir en peignant sa barbe blanche. Ta Kho-Kho devient grand.... Peut-être changera-t-elle de caractère !

L'ancien avait dit vrai. Cependant, la mauvaise humeur naissante de Kho-Kho ne s'exerça pas envers son maître. Celui-ci était hors de cause, et s'il avait, par ses procédés d'homme à la peau blanche, brisé le rythme des gestes millénaires, on ne pouvait pas plus lui en vouloir qu'on n'en veut à celui qui, au cours d'une route monotone, vous convie à un spectacle amusant. Mais un jour qu'une poule suffisante et affairée promenait sa couvée devant la porte de la concession et la menait picorer les oublis du marché, Kho-Kho se précipita, cueillit un poussin, en cueillit un autre, puis un troisième, et les fit disparaître au fond de son gosier.

La poule qui voulait défendre ses petits se fit démolir une aile et s'enfuit en criant une manière de "sauve qui peut !" Un grand coq, prétentieux et niais, pour affirmer sa parenté avec cette famille persécutée, se précipita sur Kho-Kho en rugissant. Un aller et retour, et le grand bec cueillait un œil. Il aurait enlevé l'autre œil et la tête si le coq n'eût gagné en un instant la boutique d'un trafiquant syrien, ailes à plat, cou et queue sur une même ligne, les pattes rapides comme les rayons d'une roue d'automobile.

Les indigènes riaient jusque-là de Kho-Kho: ils se mirent à la craindre. "Cet oiseau, dirent les négresses, est une femelle jalouse de tout ce qui pond des œufs !..."

Ces fantaisies n'étaient que des premiers signes. Durant cette période, légère pour les humains, où l'atmosphère se dessèche et se rafraîchit, certains désirs mal définis tourmentaient Kho-Kho. Plus que personne le chien de la maison subit son humeur. Il fut obligé de se cacher pour dormir, de tourner la tête à chaque instant quand il exerçait ses fonctions de chien ou qu'il recherchait nourriture et caresses.

Partout en effet où Kho-Kho le rencontrait, elle lui piquait la croupe; toujours au même endroit, comme les âniers piquent leurs bourricots récalcitrants. Au point que s'il n'eût été enchaîné par les très vieux principes de sa race, qui s'opposent à ce qu'un chien change de maître ou s'enfuie dans la brousse de son propre gré, celui-ci eût gagné la forêt, ou une autre ville dans laquelle se trouvent sans doute des hommes blancs incapables d'ouvrir leur maison à toute sorte de bêtes sauvages et mal élevées. Quant aux biches, jusque-là indifférentes, elles prirent de la distance. Les singes se tinrent sur leurs gardes, et les cris des perruches annoncèrent souvent qu'elles venaient d'échapper au danger.

Cependant, au-dessus des arbres, très au-dessus, passaient les vols triangulaires des canards sauvages; les milans et les vautours se hâtaient vers quelque ripaille, et les sarcelles qui fréquentaient les marécages voisins, poussant leur triple coup de sifflet,—une longue, une brève et une longue,—rapportaient à Kho-Kho que le

clan des marabouts était en train de choisir dans la
forêt les arbres les plus élevés.

Alors un grand frisson agitait l'oiseau qui se mettait
à regarder le ciel et à lisser les rémiges que son maître
rognait encore.

Les indigènes, quand elle picorait leurs poussins,
disaient avec circonspection:

— C'est le génie de la brousse qui revient l'habiter !...

Et au maître:

— Fais attention, son esprit voyage et se repose sur la
tête des arbres.

Le maître souriait et répondait:

— Elle s'amuse.

Et il croyait avoir une esclave de plus.

Il n'en douta plus quand il vit Kho-Kho, un matin,
l'accompagner à travers l'escale jusqu'à la petite jetée
où il s'embarquait périodiquement pour faire ses
tournées. Pour un peu, Kho-Kho l'aurait suivi dans le
canot automobile qui l'avait apportée.

Mais ce que le maître de Kho-Kho, après son départ,
ne put remarquer, c'est qu'elle ne rentra pas tout de
suite et qu'elle resta longtemps à considérer l'étendue
devant la petite ville. A droite, à gauche, le plan d'eau
était si vaste qu'il rejoignait presque le ciel, à l'horizon:
le ciel, dont tous ses ancêtres avaient la maîtrise incon-
testable; l'eau qui débordait chaque année et portait le
menu poisson dans les plaines; l'eau dans laquelle tous
les marabouts trempent leurs pattes blanchies depuis
que l'eau se répand sur la terre; l'eau qui manquait dans
la cour de la maison des hommes et que Kho-Kho avait
oubliée parce que le poisson n'y manquait jamais.

L'eau et le ciel, la forêt qui se profilait toute sombre sur l'autre rive, Kho-Kho les découvrait. Mais derrière elle, vivait la maison des hommes....Aussi bien, Kho-Kho avançait de deux pas vers l'espace libre pour reculer de trois pas vers la ville. Tous ces êtres bruyants et divers qui donnaient si facilement du poisson, de la viande, ce chien que l'on pouvait piquer à son aise au mépris de sa colère, ces animaux qui l'entouraient et qu'elle dominait, et le marché avec ses amoncellements de victuailles saignantes ou écailleuses, tant d'autres plaisirs que n'offrait pas la brousse sournoise, et surtout l'amitié de cet homme, tour à tour rude et caressant, tout cela valait bien quelque chose. Et puis, ce n'était pas l'imprévu, la lutte, le mystère....

Kho-Kho fit un tête-à-queue et, à larges enjambées, reprit solennellement le chemin de la maison, pour retrouver un petit garçon de rien du tout qui cherchait dans sa bienheureuse ignorance à lui saisir le bec....

Un matin, le maître de Kho-Kho, qui avait passé une bonne nuit, dit en prenant son café :

— On peut lui faire confiance....Je ne lui couperai plus les ailes. On verra bien....

— Elle s'en ira, dit l'ancien parmi les Noirs qui descendait chaque jour de sa maison, tout en haut de la ville, pour palabrer avec le maître de Kho-Kho.

— Ne crains pas cela, père, répondit celui-ci. Une bête sauvage qui est restée deux ans auprès des hommes ne retourne plus dans la brousse....Et puis, vois-tu, nous ne craignons pas de donner la liberté à qui que ce soit. Un jour, mon oncle, nous vous en ferons cadeau comme nous l'avons fait à vos esclaves, rien que pour voir comment vous vous en servirez....Ah ! si tous

étaient comme toi, mon oncle, ce serait vite arrangé,
ajouta le Toubab en riant.

— Peut-être ! dit l'ancien. Il est vrai que vous posez
votre esprit sur tout l'univers. Donner le souffle de vie
est la seule chose qui vous soit impossible !...Mais
crains de donner la liberté à Kho-Kho, si tu tiens à la
garder....

7

A cette même époque, les hommes blancs qui vivent
dans le Nord avaient réussi à fabriquer des appareils
volants. Ceux qui montaient ces engins emportaient
avec eux un fameux moteur de 25 à 50 CV qui ressemblait plutôt à une machine à coudre, mais qui faisait plus
de bruit à cause de la ferraille.

Et ils s'essayaient à voler comme les oiseaux au sortir
du nid. Mais ils n'avaient pas de mère pour leur ap-
prendre. Veillaient sur eux, en revanche, des savants et
des amateurs qui criaient à ces imprudents : "Attention
au coefficient K !" "Le plus lourd que l'air peut bondir,
mais ne peut voler...." "Imitez les oiseaux !" ré-
pétaient les uns. "Non, mais les poissons-volants !"
rétorquaient les autres.

Et le bruit des discussions arrivait dans la petite ville,
en Haute-Casamance, par chaque bateau qui apportait
le courrier.

...Les rémiges de Kho-Kho repoussèrent, ses ailes
reprirent leurs vrais contours.

Kho-Kho ne s'envola pas tout de suite. Il lui fallut
même quelques coups de pied dans le derrière et des
poursuites. Enfin, elle comprit. Quand elle avait

suffisamment volé au-dessus de la cour et que son maître lui montrait un poisson, elle comprenait aussi qu'il fallait descendre.

Les Noirs de l'escale s'écriaient:

— Il l'attache par un fil que nous ne voyons pas....

Et d'autres:

— Ce Toubab mérite d'être craint: il change le caractère des bêtes!...

Le vieux sage, lui, souriait et disait:

— Attendons! Nous verrons bien quand l'époque des nids arrivera.... Si tu la laisses ainsi regarder la tête des arbres....Heu-hô!

Cela devint un exercice presque quotidien. La cour étant trop petite, l'envol se pratiquait sur les rives du fleuve, sur les allées vastes: courses ridicules, battements d'ailes qui soulevaient la poussière, enlèvements, retombées, puis, au bout de trente ou quarante pas, toute la chair, les os, le bec, les plumes et les pattes de Kho-Kho se détachaient du sol, montaient obliquement. Les battements devenaient réguliers, harmonieux. Les extrémités s'élevaient, s'abaissaient, et l'aile de l'oiseau que l'on eût crue rigide quand on la déployait à la main, s'infléchissait comme une lame de couteau à peinture. Jusqu'à ce que Kho-Kho eût atteint les régions des courants bien définis: alors elle s'immobilisait et se reposait en regardant la terre défiler sous son ventre.

Le maître de Kho-Kho multiplia ses expériences, en fit une attraction des jours de fête, et envoya des notes à des hommes illustres pour leur démontrer que Kho-Kho possédait le véritable secret de l'air.

Quant à Kho-Kho, à mille pieds au-dessus de la ville,

elle retrouvait l'univers spacieux de sa jeunesse ; elle étudiait ainsi, mieux que du débarcadère, la surface des eaux qui miroitaient au soleil, la grisaille des plaines et la houle des arbres dont chaque tête pouvait supporter un nid, un nid plat et rond, fait de branchettes, d'herbes et de plumes.

Dans ses tournées aériennes, elle rencontra des aigles, des milans et des éperviers, qui virevoltaient autour d'elle mais respectaient son bec, pour l'excellente raison que la pointe en est plus éloignée de l'œil que chez toute autre bête volante. Elle aperçut des aigrettes blanches ou grises qui regagnaient leurs marécages, leurs rizières. Elle faillit les suivre, mais craignit encore de ne plus voir ces hommes qui ont des manières surprenantes, un cri perpétuel et varié, qui vont, viennent et se disputent, qui savent donner du poisson et gratter le crâne comme nul ne sait le faire, et aussi un tout petit tas de chair brune et turbulente, qui prenait frayeur des abeilles....

...A la saison des nids, Kho-Kho, pendant une tournée de son maître, s'envola. Le même soir, elle n'était pas rentrée. Les roussettes et les chauves-souris, ne voyant plus l'oiseau géant sur le toit de tuiles, se trémoussèrent et se dirent entre elles à petits cris pointus : "Le Toubab a peur de nous parce que nous sommes en nombre, mais il a sûrement fini par manger le gros oiseau...."

Kho-Kho revint deux jours après. La cour, à son tour surprise, put la voir de nouveau s'enlever des duvets inutiles et les entasser dans un coin avec de petites branches sèches. Sans ordre : on eût dit un exercice pour rien.

Une perruche ayant, d'une façon trop bruyante, manifesté ses impressions, Kho-Kho patiemment la guetta, et après que la perruche eût décortiqué un petit tas d'arachides et fût rendue plus lourde par la digestion, d'un aller et retour elle l'engloutit, la tête en avant, les deux ailes ouvertes. La perruche se débattait, mordait le gosier par dedans. Kho-Kho la rejeta un peu, la passa à la cisaille. Il faut une forte cisaille pour hacher une perruche: celle-ci fut encore capable d'ouvrir les deux ailes, qui sortaient de chaque côté du bec.

Ce fut à celle qui tiendrait le plus longtemps. Kho-Kho gagna la partie.

Venu à la rescousse, le chien n'eut l'œil manqué que d'une épaisseur de poil et se fit déchirer l'oreille. A cette vue, les singes, les biches et l'antilope s'écartèrent de cet animal qui avait cessé de respecter les lois de la cour, et les oiseaux-trompettes n'osèrent plus lever leur tête couronnée au-dessus des palissades de l'enclos.

Quant aux chats, nul n'aurait pu remarquer leur prudence: mais ils se gardaient tout de même.

Tout cela amusait le maître qui disait:

— Ça lui passera.... Regardez plutôt comme elle vole bien !...

Et il lui déployait les ailes, mesurait son envergure, la récompensait en lui grattant le crâne et par d'autres caresses que la bête acceptait plus volontiers que d'ordinaire.

Le lendemain, Kho-Kho monta dans les airs pour revoir les horizons.

Midi vint. Puis le soir. On dit au maître: "Ce n'est pas la première fois." Et l'on attendit.

On attendit un jour, deux jours, trois jours. Au Cercle, les paris furent ouverts.

Le maître de Kho-Kho interrogea les chasseurs indigènes. Ils répondirent ce qu'ils savaient:

— Dans ces jours-ci, les marabouts pondent....

A la maison, la cour entière, excepté l'antilope qui ne s'était jamais bien souciée du grand oiseau, se remit peu à peu à ses anciennes habitudes. Les biches, grandies et harnachées de rayures blanches, venaient plus familièrement montrer leurs cornes naissantes. Les oiseaux-trompettes poussaient leurs stupides appels à tout propos, comme des paons. Les singes gambadaient, recommençaient à détruire ou à chaparder sans retenue. Et le chien, la queue en cor de chasse, babines souriantes, l'œil vif, arpentait la cour et le marché, pénétrait à nouveau dans la salle à manger avec l'allure fière et modeste à la fois de quelqu'un qui, en une nuit, a taillé en pièces et dévoré la volaille au grand bec.

Quant au bébé ocré, il n'avait pas remarqué l'absence de Kho-Kho et jouait à détruire une calebasse ouvragée.

Les jours s'écoulèrent et Kho-Kho ne revenait toujours pas. Son maître se consolait:

— Elle fera, disait-il, comme des aigrettes que j'avais élevées; elle ramènera ses petits....

Le temps de la couvée passa.

Le maître de Kho-Kho interrogea le ciel. A perte de vue, inscrivant des cercles concentriques sur les nuages envoyés par la mer lointaine, des marabouts planaient. Les yeux fixés à terre où se meuvent péniblement les bêtes qui forment un jour un tas de viande immobile et savoureuse, le bec pendant, ils suivaient sans trêve une invisible piste circulaire, pareils aux attributs d'un gigantesque et inaccessible mât de cocagne.

Il voulut leur envoyer une balle, pour les avertir ; mais il eut peur de tuer.

Alors, il parcourut les plaines où l'outarde et l'antilope se rencontrent dans la buée du matin ; la forêt habitée par les singes, la panthère, les serpents, le lion, les phacochères et toutes les bêtes possibles. Il surveilla les mares et les rizières. Il appela Kho-Kho.

Les oisillons pépièrent, les merles mordorés sifflèrent. Les perdrix s'enfuirent en froufroutant, les sarcelles s'éparpillèrent en tremblottant, les tourterelles roucoulèrent. Tous lui chantaient bien qu'ils avaient vu Kho-Kho, tout en haut d'un arbre démesuré, accroupie sur un paquet de branches sèches entrelacées, et que, près d'elle, un grand seigneur de l'air montait jalousement la garde. Mais il ne comprenait pas, il refusait de comprendre. Si bien que l'écho seul lui redit nettement les deux syllabes que le pays tout entier répétait depuis deux ans.

Et le vent qui avait fréquenté pendant des jours et des jours la cime des arbres, les creux de vallées, les plaines où l'herbe sèche se couche sur l'herbe sèche, les marais où le roseau s'élève contre le roseau, continua de répandre sur la terre et sur l'eau la chanson amoureuse de la brousse.

II

POUPAH, L'ÉLÉPHANT

A

ALBERT ET A NICETTE CARESSA

AMICALEMENT

I

Poupah était ivre et crevait de faim, sur la terre que ses ancêtres dominaient quand l'homme n'était encore qu'une divine possibilité.

Du Tchad à la Côte Atlantique, son père, grand maître de la brousse, arpentait à pas lourds les plaines et la forêt. Quand, arrivé entre les embouchures de la Sanaga et du Niong, il flairait la mer, aussitôt il retournait vers le soleil levant.

Sur sa route, il écimait les jeunes arbres, écorçait avec ses défenses les troncs de sa taille et broutait à plaisir les hautes tiges de sissongho, cette herbe à éléphants dont les épines meurtrissent rudement la peau des hommes.

Enfant, Poupah avait suivi sa mère parmi le troupeau, lui encombrant les pattes au risque de se faire culbuter et relever à coups de trompe. Un jour, la horde sombre vêtue de peau épaisse avait barri plus hautement que de coutume. Poupah avait vu sa mère trébucher tout à coup et tomber, les pointes en terre. Un bruit sec avait précédé l'accident, un tout petit éclat sans rien de comparable avec ceux du tonnerre en temps d'hivernage. Poupah avait voulu téter sa mère couchée, mais les pattes de derrière qui s'agitaient comme dans un galop l'avaient écarté. S'étant approché pour interroger les yeux, il avait entrevu que la tête était percée entre l'œil et l'oreille, plus près de l'oreille, dans l'entonnoir que forme l'os à cet endroit.

A ce moment, des hommes noirs et forcenés s'étaient précipités sur lui en poussant de grands cris, l'avaient saisi aux pattes pour l'entraver. Poupah, guidé par une voix intérieure, avait jeté sa trompe à droite, à gauche, de haut en bas, donnant des claques retentissantes sur le dos de ses agresseurs. Les Noirs affolés avaient lâché prise. Mais deux hommes à la peau claire, plus malins, l'avaient entouré avec une corde et immobilisé.

Poupah, la trompe amarrée comme un saucisson, avait encore fait quelques efforts et poussé de petits barrissements pour appeler son père et sa famille. Seuls, des rires lui avaient répondu. A dater de ce jour, Poupah ne devait plus entendre le cri des éléphants, mais, hors le langage commun des villages, l'allemand, par la bouche d'un homme clair qui l'avait ligoté et qui serrait un Mauser dans sa main.

La tête et les sens tout égarés, Poupah avait ainsi été entraîné, par les pistes en forêt, les sentiers de plaine et les gués, jusque dans une grande ville assise au bord d'un large estuaire. Il s'était effaré à la vue des maisons élevées qu'il avait prises pour des animaux énormes bien capables de marcher sur lui, à la vue des allées droites, des marchés bruyants et d'une population d'hommes innombrables. Mais il était alors trop jeune pour se rendre compte d'autre chose que du besoin intolérable de lait qui lui tenaillait la gorge et le ventre.

Après avoir vidé une caisse de quarante-huit demi-

litres de "condensé suisse," il s'était endormi profondé-
ment, plongé dans le repos comme dans une de ces
mares tièdes où, tandis qu'il jouait sur le bord, sa mère
se vautrait pour s'enduire de boue et se protéger ainsi
de la morsure des insectes.

Poupah avait aujourd'hui près de douze ans. Il était
haut de cinq coudées, et son crâne déjà volumineux
contenait une cervelle égale en qualité à celle d'un
enfant de quatre ans.

Pour en arriver là, il avait asséché des caisses de lait
dont le compte ne figurait que sur les livres du Gouvernement, au chapitre "Dépenses diverses,"—les
économies d'un administrateur ou d'un employé de
commerce n'y pouvant suffire.

Des changements notables avaient marqué l'enfance
de Poupah durant ces années si courtes pour un éléphant
que sa taille n'augmentait guère plus vite que le pourtour d'un ébénier au cœur dur et paresseux. Tout
d'abord, son premier maître l'avait sevré, ce qui n'avait
pas été une petite affaire. On avait eu beau le mettre
dans un parc à chèvres pour l'initier, par l'exemple, à
la saveur de l'herbe fraîche et de la paille de haricots:
il avait fallu vivement l'en retirer. Il essayait simplement de traire les chèvres affolées et de casser les reins
des chevreaux plus favorisés qui le gênaient.

Toute cette comédie avait pris fin dans un enclos,
près de la Résidence, où son maître l'avait enfermé avec
des monceaux d'herbe et un baquet d'eau, le laissant
rêver sans cesse de boîtes rondes en fer-blanc qui lui
avaient fait perdre le souvenir du pis maternel.

Un matin, Poupah avait attendu en vain son père

adoptif. Celui-ci était parti dans l'intérieur des terres, du côté de Yaoundé. C'était dans le temps que le corps des coloniaux franco-anglais débarquait à Douala.

Quand il se replie devant l'ennemi, un homme emporte son argent, ses livres de comptes, ses vêtements indispensables, ses souvenirs de famille et quelques lettres : mais il n'emmène pas son éléphant.

Poupah échut en partage à l'administrateur français qui remplaça le résident allemand.

Les indigènes, prisonniers de guerre et de droit commun entassèrent devant lui à tour de rôle des charges d'herbe fraîche ; et il continua de se laisser vivre dans le parc qui lui était réservé, loin des surprises, des rages et des affolements de la brousse dont il avait même oublié l'odeur.

Le second maître de Poupah le quitta à son tour, rappelé en France pour cause de santé. Le jeune éléphant le regretta parce qu'il lui parlait doucement, qu'il le caressait sous la gorge et lui donnait du sucre, du pain et des bananes. Ces faveurs lui avaient même, du moins en apparence, fait oublier son premier maître et les boîtes de lait.

La guerre des hommes prit fin, et ce fut alors que l'infortune descendit sur Poupah. Plus de prisonniers, plus d'herbe. L'homme qui fut désigné pour commander la ville avait des enfants : il éloigna Poupah, l'offrit à qui voudrait le prendre.

Mais Poupah ne trouva pas de maître : il coûtait trop cher à nourrir. On lui ouvrit les portes : il ne prit pas le chemin de la brousse, mais celui de la ville qu'il se mit à explorer à sa guise.

A voir ce gros garçon tour à tour mutin ou placide, curieux des gens et des choses au mépris de sa liberté, on eût pu croire qu'il n'avait plus un cerveau d'éléphant. Sauf quand il dressait sa trompe pour prendre le vent, quand il écartait ses larges oreilles en éventail, qu'il se balançait en mimant sur place un amble imaginaire et qu'il se frottait aux arbres, aux palissades, pour détacher les tiques et les taons acharnés sur son cuir à peine gaufré; tout comme font les tribus d'éléphants qui, depuis des milliers d'années, pour mourir un jour au sein d'un marécage, mesurent de leur marche oscillante les quatre coins de l'Afrique, dressant la trompe pour prendre le vent, écartant les larges oreilles en éventail et se grattant aux arbres.

Poupah n'avait pas de défenses et n'était pas prêt à en voir sortir de chaque côté de sa trompe, mais déjà, dans son âme profonde que les hommes appellent "instinct," il portait l'empreinte de ses ancêtres.

2

Abandonné, Poupah chercha un autre maître, mais n'en trouva point. Il rencontra quelques gens timidement disposés à se distraire un instant de ses gaucheries, à le récompenser d'un pain desséché ou d'un morceau de sucre. Mais jouer avec Poupah et nourrir Poupah, cela faisait deux choses très différentes. On voulait bien s'amuser de lui, mais personne ne tenait à en faire un membre de la famille, pas même un hôte.

Les Noirs lui gardaient rancune de leurs champs dévastés, de leurs cases bousculées par ses parents en un jour de fantaisie ou de fureur; quand ils lui portaient quelque intérêt, c'était plutôt pour évaluer le poids de sa viande encore tendre, sans toutefois oser attenter aux jours d'un pupille du Gouvernement.

Quant aux Blancs, ils hésitaient à inscrire une charge supplémentaire dans la colonne de leurs dépenses, jugeant aussi dans le secret de leur pensée qu'une bête de brousse était bien assez "débrouillarde" pour se nourrir toute seule.

L'enclos de l'Administration était libre, toujours ouvert à Poupah qui pouvait en sortir et y rentrer à sa fantaisie. Il était même ouvert du côté de la forêt qui se profilait au loin, immense et sombre, sous le ciel gris-bleu, très loin par delà les champs de mil et d'ignames, par delà les petits faubourgs de la ville et leurs cases aux toits de chaume.

Un jour, comme il regardait la forêt avec plus d'insistance, Poupah sentit une démangeaison à la tête. Il se gratta le front contre un mur qui faillit s'écrouler, se tourna vers cet horizon qui l'attirait, prit le vent, cligna des yeux, de ses petits yeux noirs qui s'ouvrent de chaque côté de la trompe dressée en chandelier, écarta les oreilles comme faisait sa mère à l'approche d'un danger, esquissa un mouvement en direction de la brousse, et...se dandinant, les oreilles collées aux épaules, la trompe basse, l'œil à demi voilé, il s'en fut vers le cœur de la ville.

Une envie plus forte, un prurit irrésistible, venaient de saisir Poupah à la gueule et aux entrailles. Pris entre deux partis, il avait choisi son destin.

D'un côté, des voix intérieures le rappelaient dans le clan, dans la tribu reconstituée, là-bas, vers ces terres éclairées du soleil levant, où mille et mille piliers noirs frappaient, bourraient, pétrissaient le sol, écrasaient les

herbes et les arbrisseaux : tout cela confus, indéfini pour
une trop jeune cervelle d'éléphanteau, inconsistant et
sans autre preuve apparente que le remous d'une
conscience sourde qui provoquait des gestes plus
inconscients encore.

De l'autre côté, tout près, le souvenir d'un homme
clair qui parlait doucement à Poupah ou lui criait ces
mots qui, en pleine forêt, eussent mis en fuite sa mère
et le troupeau tout entier, et que lui, Poupah, écoutait
comme une musique ; un homme qui lui avait donné des
aliments au goût salé, et surtout des quartiers d'une
pierre blanche dont la saveur lui chavirait la tête. Ah !
ce sucre en morceaux d'abord, en petits pains ensuite !
Ce sucre qu'il avait, la première fois, laissé fondre crain-
tivement dans sa gueule amollie, qu'il écrasait maintenant d'un coup de mâchoire et qui lui recouvrait la
langue d'une suavité visqueuse et forte ! Ce sucre qui
laissait loin en arrière les jeunes pousses de bambous et
même les bananes odorantes et grasses !

La sensation immédiate du Désir fit donc pencher le
destin de Poupah vers la ville. Sans déception : il ne
rencontra pas de maître, mais il trouva toutes les
boutiques ouvertes. En peu de temps, ces gens qui ne
voulaient pas le nourrir, le gavèrent de sucre. Cela les
égayait de le voir étaler sa trompe sous les vérandas,
l'incurver sur les balustrades et les comptoirs, prendre
avec les petites lèvres—comme avec deux doigts d'une
main—et cacher la prise au fond de sa gueule par un
mouvement régulier, onduleux et discret.

A Douala, personne n'avait particulièrement besoin
d'éléphant, mais tout le monde cherchait des distrac-
tions. De là vint le malheur de Poupah.

Un jour de 14 juillet, alors qu'il faisait sa tournée habituelle en ville, s'écartant du marché indigène où il n'y avait que de la viande et du poisson, et aussi des bananes gardées par une grosse trique de bois dur, Poupah trouva les boutiques fermées. Au-dessus des portes, de grands pans d'étoffes coloriées s'agitaient, se déroulaient au vent; mais pas une main ne lui tendait le moindre pain de sucre, le moindre biscuit salé.

Pour retourner dans son enclos, à la recherche de quelque fade touffe d'herbe oubliée pendant les jours d'abondance, il lui fallait passer devant le Cercle.

Groupés par petites tables, le personnel du Gouvernement, les agents et employés de commerce, les officiers et sous-officiers du corps d'occupation, y célébraient l'avènement de la République par une deuxième tournée de cocktails, celle de la onzième heure. Les jeux indigènes, baquet, course au sac, avaient un moment retenu leur attention, mais la torpeur de l'hivernage s'était vite abattue sur les réjouissances. Autour des verres, les esprits s'alourdissaient par le mélange des boissons variées; les histoires de chasse, de commerce ou d'administration n'intéressaient plus personne, quand arriva Poupah qui, de loin, avait aperçu des portes ouvertes et des hommes blancs tout pareils à ses premiers maîtres.

— Poupah ! Poupah !

On l'appelait ! Et de cette voix qu'il connaissait si bien. D'un bloc, il changea son angle de route et vint se dandiner devant le Cercle. Biscuits, sucre, toute la réserve y passa, malgré le *boy* qui grognait, disant que c'était "un honteux malheur" de faire cadeau de choses d'hommes au fils de ces "montagnes" qui roulent sur les champs et mettent la peur dans les villages.

— Qu'on donne une coupe de champagne à Poupah et qu'il boive à la santé de la République ! cria, d'une voix mince comme une épée, un jeune lieutenant de la Coloniale qui avait le "cafard," parce qu'au dernier courrier il n'avait rien reçu de Mlle Francine, laissée quelque part en Seine-et-Oise pendant qu'il s'emparait de Yaoundé et de Garoua.

Une coupe fut offerte à Poupah, mais trop petite pour sa trompe. D'ailleurs, il avait, comme les chiens, peur du verre. Quelqu'un prit alors le seau à glace, le vida et y versa une bouteille de Roederer. Poupah renifla, goûta, éternua.

Un voisin dit : "C'est pas assez sucré !"... et y ajouta du sirop. Un autre de l'anis. Un autre du curaçao. Le mélange brassé, Poupah cligna des yeux, ouvrit les oreilles, goûta de nouveau et recolla ses oreilles contre ses épaules.... Le seau était vide.

La rapidité du travail provoqua un grand bruit d'exclamations. Les Noirs, attroupés, admiraient sans retenue. L'un d'eux, griot d'un Lamido puissant de l'intérieur des terres, s'écria :

— Jamais nous n'avons vu de tels hommes à la peau claire ! Ils changent la marche de l'univers ! Ce sont les plus forts qui aient posé le pied sur notre pays.

Quand les rires furent apaisés, les hommes blancs, qui ne tenaient pas à retarder leur déjeuner, se levèrent. Poupah, indifférent aux quolibets des Noirs, voulut suivre les possesseurs de cette eau sucrée qui chatouillait si agréablement la trompe et le gosier; mais, incapable de traîner plus loin ses pattes alourdies, il s'affala contre une palissade au risque d'aplatir un indigène qui suivait la ligne d'ombre.

Comme l'heure de midi sonnait à la Mission et dans les estomacs, personne n'eut plus longtemps souci de ce tas de viande noire écrasé en pleine lumière.

Le feu du soleil contourna le corps de Poupah et le rêve qui se développait dans son crâne.

Voici que l'existence de Poupah venait de changer d'un coup, ainsi que sa personnalité. Il était devenu le plus énorme des éléphants et, en même temps, le plus léger. Son esprit, détaché de ses habituels désirs, le menait dans un pays fantastique où les prairies étaient couvertes d'herbes merveilleuses et d'un goût sucré, où des milliers et des milliers d'éléphants aux gigantesques défenses le contemplaient pendant qu'il paissait, pendant qu'il se baignait, pendant qu'il buvait sans retenue l'eau d'une rivière prodigieuse, une eau piquante et mielleuse à la fois.

Poupah, dans son rêve, était roi et se transportait solennellement d'une province à l'autre, mais sans cette fatigue qui le persécutait quand il accompagnait sa mère.

Poupah était agile, heureux et puissant.

Quand il se réveilla, la nuit venue, il était seul et son agilité de rêve avait disparu. Il retrouva son corps engourdi, très lourd à soulever. Il parvint cependant à se remettre sur ses pattes et, sans prendre le vent, trotta vers son enclos, la panse flasque, la trompe et la queue pareilles à deux cordages mouillés, les oreilles pendantes.

3

Les jours qui suivirent furent pour lui une suite de réjouissances et de malheurs: de toute manière, des jours de déshonneur pour ce fils du roi des forêts. Issu des masses libres qui piétinent victorieusement la brousse, Poupah devint mendiant, et le plus honteux des mendiants.

Encore sous l'influence de cette torpeur inconnue jusque-là, il retourna vers les lieux où il l'avait découverte. Mais durant le jour, le Cercle était vide et, le soir, Poupah n'osait se promener aux lumières. Il contourna donc le marché, ne rencontra que les vendeuses de légumes qui abritaient leur éventaire en criant comme des possédées, et les bouchers qui détaillaient des bœufs de l'intérieur. Ceux-ci se moquaient de lui, et l'appelant "viande coriace," aiguisaient ostensiblement leurs coutelas sur son passage.

Dans les magasins, il retrouva les hommes au visage blanc qui l'avaient élevé, qui lui avaient dispensé le bonheur: il leur tendit la trompe, vraiment comme un malheureux tend la main pour le "merci de Dieu."

Les jours de fantaisie étant passés, Poupah ne reçut rien pour rien. "Fais le beau!" par ci, "fais le beau!" par là, Poupah dut lever la trompe et agiter les oreilles, —les grandes oreilles que lui avait données la nature d'Afrique, libre et formidable,—pour quémander cette eau qui lui grattait la langue, qui versait dans sa cervelle et dans son corps des jouissances imprévues.

Poupah fit donc le beau, à l'imitation du bras qui se levait brandissant une bouteille de gin; il dansa aussi légèrement que peut le faire un jeune monument drapé

de peau noire, lourde et plissée ; il chanta, pleura : tout
ça pour obtenir de cette eau brûlante qui le portait à des
milliers d'années en avant de ses ancêtres.

Obstiné, sans vergogne, il passait ainsi en revue les
magasins européens où s'entassent les objets les plus
disparates que puisse réunir l'imagination des com-
merçants, les boutiques des mulâtres à fantaisie re-
streinte et nonchalante, les échoppes des Syriens et des
Noirs. Comme il ignorait les prix et les qualités, partout il tentait sa chance, sans distinction, une porte
après l'autre.

Quand Poupah s'avançait, les boutiquiers abandon-
naient leurs étalages au préjudice des pièces de tissus
et des denrées, les comptables laissaient leurs additions
à mi-colonne et les patrons eux-mêmes, en grondant
leurs employés, coulaient vers lui un regard chargé de
sensibilité.

Et aucun d'eux ne pensait à autre chose qu'à jouer
avec Poupah.

Cependant, le gin, le vermouth, les anis, pas plus que
le rhum et le cognac, ne pouvaient nourrir le jeune
éléphant. Son ventre qui eût contenu sans peine une
charge de bourricot en herbe ou en paille, demeurait
flasque. Et quand il se couchait, ses côtes gaufraient la
peau de ses flancs, au point qu'entre la dernière et le
bassin une dépression se creusait où l'on aurait pu caser
une portée de jeunes chiens et leur mère.

Poupah avait faim, et l'on ne songeait dans la ville
qu'à endormir sa faim en s'amusant. Pis encore, nul ne
se rendait compte de la faim de Poupah. Excepté lui.
Et cela à l'heure même où, tiraillé par son désir de
jouissances immédiates, du fond dē ses entrailles et tout

le long de ses reins montait l'attirance de la forêt dont il apercevait au loin la ligne sinueuse dans le ciel : la forêt où se repaissent avec facilité les éléphants de l'Afrique entière depuis des millénaires.

Le soir, surtout, quand les boutiques étaient fermées et que les hommes blancs quittaient le Cercle pour aller dîner, la forêt appelait Poupah. Le vent de l'intérieur parlait et lui caressait les oreilles. Ce n'était plus par le nom de Poupah qu'on l'appelait dans le langage porté par le vent d'Est. Ce qu'il entendait, ce n'étaient pas ces noms grossiers inventés par les hommes qui lui versaient l'eau brûlante, tels que : "ponchon à huile" ou "tonneau d'arrosage" et d'autres aussi disgracieux, mais des noms à peine murmurés et indéfinis qu'il ne comprenait pas, un véritable appel qui lui donnait de l'émoi et faisait qu'on pouvait le surprendre au début de la nuit tournant en vitesse dans son enclos, comme un cheval à la longe, la trompe haute.

D'autres fois, une lourde mélancolie succédait à l'ivresse et le tenait immobile. On aurait pu croire alors qu'il attendait la révélation de son existence, que les voix intérieures le guideraient : mais Poupah, égaré, se trompait sur ces avertissements. Le jour ramenait le vent de la mer, la foule bariolée des hommes, leur agitation. Le Désir apparaissait à nouveau, chassait l'Appel, et poussait la bête vers les maisons couvertes de tuiles ou de tôles ondulées.

Indolent, Poupah traversait alors les jardins, cueillant une fleur qu'il rejetait, rasait les palissades, arrachant une tige qu'il jugeait aussitôt amère. Il ne regardait plus le pied des murs : il y avait beau temps qu'il en avait arraché l'herbe comestible, celle qu'un éléphant

peut avaler sans être incommodé. Poupah, à travers les
rues et les marchés, arrivait ainsi sur le bord de l'estuaire.

La chaleur l'invitait à se baigner ; mais il avait grand
peur de certains monstres qui flottaient, tout noirs avec
trois trompes dressées dans le ciel, et qui mugissaient,
et qui crachotaient, et qui fumaient, et sur quoi montaient des hommes pareils à ceux qui avaient tué sa
mère. L'eau même, qu'il voulait boire, avec laquelle il
jouait, était saumâtre, lui donnait des nausées. Assuré
d'être l'esclave des hommes, maîtres des puits d'eau
douce, il ne trouvait rien autre à faire que de remonter
sur la berge parmi les cargaisons amoncelées.

Là, il tâtait les caisses, remuait les sacs, s'arrêtant au
parfum de l'alcool qui, sous le soleil torride, passait à
travers les bouchons, et à l'odeur mielleuse du sucre
brut. Mais les gardiens noirs, depuis qu'il avait ren-
versé une pile de caisses de gin et aspiré à même la terre
l'alcool des flacons brisés, chassaient Poupah à coups de
trique. Résigné, la faim aux entrailles, il se dirigeait
vers la gare, de l'allure de quelqu'un qui ne veut faire
aucun mal, qui n'a même pas d'intention douteuse,
s'égarait un instant aux abords du quartier indigène et
portait sa mélancolie dans la grande avenue des cocotiers,
orgueil de la ville.

Quand il se frottait aux arbres, tout timidement, les
noix de coco s'abattaient sur son dos, avec un bruit de
tam-tam.

Le soir ramenait les angoisses indéfinies, et Poupah
se surprenait une fois encore à se balancer de son
balancement atavique, à piétiner, à tourner en rond dans
son enclos, au trot redouté par la forêt basse tout entière, à cette amble démesuré qui fait que le langage

entendu le matin par un éléphant n'est plus le même
que celui de l'insulte recueillie au coucher du jour.

Et le vent de la forêt, qu'il humait à pleine poitrine,
lui faisait alors oublier la voix des maîtres à la peau
blanche,—qui était pour lui une musique.

Une nuit, au moment où les coqs ferment un œil
de chaque côté de la tête, le gardien noir de la Résidence
dit :

— Poupah est parti !

La chose inattendue était vraie : Poupah venait bien
de sortir par la porte qu'on ne prenait plus la peine de
fermer.

4

La lune dans une embellie, éclairait le chemin.
Poupah allait vers la forêt, laissant derrière lui la ville.
Il n'entendait plus le bruit des danses et des discussions
nocturnes, mais ses propres pas, rapides et sourds.

Surprise ! Il n'avait jamais fait attention à sa marche
et se trouvait comme un petit des hommes qui découvre
ses mains.

Au surplus, étaient-ce ses propres pas, ou ceux du
troupeau qui avait été sa famille ? Il l'ignorait, ne le
concevait point. Mais il marchait à l'amble. Il marchait
et courait tout à la fois.

Et il allait.

Les dernières cases du faubourg dépassées, avec leurs
aboiements de chiens roux et hargneux, leurs tam-tams
étouffés, la plaine s'était offerte à Poupah. Une plaine
blafarde, piquetée d'arbres indifférents et de tiges de mil
pourries.

Les Noirs attardés qui virent Poupah au clair de lune rentrèrent précipitamment sous leurs paillotes, murmurant dans leur anxiété "qu'un fantôme de grosse bête tuée l'an dernier sur la Bongola, dans le Sud, poursuivait les hommes et revenait se venger." D'autres pensèrent qu'il s'agissait d'un simulacre inventé par les sorciers pour se rendre redoutables.

Des bœufs, groupés dans un parc entouré d'épines, voyant passer Poupah, arrachèrent subitement leurs piquets et s'enfuirent.

Pas si vite que Poupah qui n'avait jamais vu de bœufs au clair de lune.

Ces mouvements, aperçus dans la nuit, lui donnèrent une première inquiétude. Il se mit à agiter plus fréquemment que d'ordinaire ses oreilles, élevant sans cesse la trompe, guettant un bruit, une présence, flairant une odeur. Toutefois, il allait de son pas d'éléphant, mou et vite, de ce pas oscillant qui mesure en un jour des provinces. Jusqu'au moment où il vit devant lui, haute, sombre, mamelonnée comme un troupeau de dos noirs, la forêt qui lui ouvrait ses portes.

Par ces portes innombrables, arrivaient sur Poupah, sur sa trompe dressée, sur ses oreilles ouvertes et ses yeux clignotants, sur sa peau rugueuse, des effluves puissants et inattendus, des murmures qu'il avait oubliés, des sons qu'il n'avait jamais perçus, des parfums tellement plus opulents que ceux de la ville: parfums rudes et faits de feuilles en état de transformation, insinuants et venus de la sécrétion des résines précieuses, des pollens de palmiers, des fleurs de lianes et des corolles sans nombre qui jaillissent de l'humus fermenté.

...Voilà que toute la vie de la forêt se déverse sur Poupah.

Interdit, Poupah s'arrête, la peau des flancs tirée d'arrière en avant par des frissons, la queue agitée. Inquiet jusqu'ici comme un lion qui traîne sa proie sur le sable, il est comblé d'émois par la forêt, qui a tout l'air d'avoir relevé le bord de son manteau pour l'abriter, la forêt qui peut satisfaire—il en est certain—le plus formidable appétit d'un éléphant.

Alors, Poupah se souvient qu'il a faim, que le besoin de remplir son énorme panse ne lui laisse plus un instant de répit, hors les moments où il boit l'eau ardente des hommes blancs. Poupah commence à cueillir l'herbe, à détacher les jeunes pousses d'arbrisseaux.

La lune éclaire le festin.

Mais en se déplaçant, Poupah écrase une branche morte. Sec, le bruit éclate sur la lisière. Des singes, perchés sur le faîte des arbres, s'éveillent, se penchent à bout de bras. Ce qu'ils voient les remplit de stupéfaction. Un palmier crie à l'autre:

— Hî! Hî! une termitière se déplace! Ça ne s'est jamais vu!

Un autre palmier répond:

— Hî! Hî! Le malheur est dans le pays!

Puis, tout se tait. Des centaines de paires d'yeux marrons et qui logent en l'air, sont fixés au sol, sur la masse sombre. Et toutes les gorges sont serrées.

Poupah, agacé par ces bruits insolites, a relevé la tête, interrompu sa mastication: "on ne peut piétiner ni marteler à coups de trompe ces gêneurs qui habitent si haut!"

Cependant, les branches garnies de pousses vertes

s'inclinent, les arbustes l'appellent et la faim éveille en
lui un besoin plus intense que le désir de l'eau ardente.
...D'un seul coup, Poupah enlève une touffe de tendre
apparence. Mais dans un sursaut de tout son gros corps,
il abandonne la verdure et se rejette à droite, puis à
gauche. Une bestiole a tout à coup surgi de son trou : un
rat caché sous l'arbuste et dérangé dans son sommeil !

Alors, c'est l'affolement. Poupah n'est pas habitué.
Ce n'est pas de jeu. Il ne sait pas que la brousse con-
tient autre chose que les hautes masses sombres qui s'y
promènent à leur guise. Poupah a peur. Ses flancs se
contractent. Il replie sa trompe et plaque ses oreilles.
Le monde est vraiment plein de surprises....

Poupah fuit plus loin, se présente aux autres portes
de la forêt qui recèle des ténèbres plus épaisses que la
nuit.

Sur son passage, il renverse des termitières, démolit
ainsi des empires souterrains. Poupah écrase, Poupah
culbute toute sorte de choses qui s'amassent à la lisière
des futaies.

Les singes, réveillés de leur étonnement, se démènent,
gouaillent, hurlent de frayeur—on parla beaucoup de
cet incident, le lendemain, au pied des arbres ! Certains
lancent à Poupah des branches mortes. Poupah est fou
de terreur.

Et plus il s'affole, plus il réveille les habitants de la
frontière entre la plaine et la forêt : ceux qui guettent
et ceux qui sont épiés. Il met en fuite des chacals,
dérange une hyène, les chats-tigres qui attendent les
perdreaux, les lièvres et les pintades. Une panthère, à
l'affût d'une antilope qui doit aller de grand matin au
pâturage, grogne en s'éloignant : elle sait bien qu'on ne

s'attaque pas à plus haut que soi, quand ce "plus haut que soi" a des pattes en forme de pied de palmier....

Comme si Poupah avait déclenché un signal, voici que toute la forêt, tout le cordon douanier qui la sépare de la plaine, s'animent. Les grands-ducs et les chouettes s'inquiètent: "leurs proies seront en bouillie et les terriers obstrués." Les marabouts, très haut perchés, supputent la viande d'un si volumineux gibier. Des cris indistincts s'ajoutent aux murmures indéfinis. La brousse renifle, éternue.

Ajoutées à cela, des odeurs impossibles pénètrent la trompe de Poupah: halètements de bêtes, exhalaisons de plantes arrachées, piétinées. Ce conflit de mille senteurs et de mille bruits fait frissonner la peau flasque de Poupah. Il n'ose plus toucher à cette brousse qui se révèle hostile. Il est venu pour fraterniser avec elle, et elle se révolte à son approche.

...Ce qu'il ne sait pas, c'est que la forêt entière le renie, lui crie qu'il sent l'homme. Oui, c'est bien ça, la forêt a maintenant défini la situation: la masse noire, Poupah, fils des montagnes qui marchent, sent l'homme !

Poupah veut répondre, chasser les êtres invisibles qui respirent et soupirent autour de lui. Il essaie un cri: de sa gueule mollasse ne sortent qu'un grincement ridicule et une haleine empestée qui lui attirent des quolibets. Ceux qui ne le voient pas, le sentent. Tous se moquent ou insultent. Poupah, fils du maître des forêts, est devenu la risée de la brousse !

Alors, il se met en quête de chemins nouveaux, excitant au passage un grabuge indescriptible. Il a faim et ne songe pas à manger. Il a soif et ne songe pas à boire. Il ne veut que fuir ce lieu plein d'ennemis.

Longeant la lisière des bois, il cherche une clairière.
Partout, le même front de la forêt haut, noir et têtu.

Poupah perd sa grosse tête. Poupah est un enfant
égaré. Il va lui arriver des choses terrifiantes. Son
destin va s'accomplir en face de cette brousse où il
est né....

Le Désir alors profite du désarroi, revient, le rap-
pelle. Et Poupah se retourne de ce côté. Tout au fond,
à la base du ciel, il aperçoit une lumière, une de ces
étoiles basses que les hommes blancs allument et
éteignent à volonté, comme lui, Poupah, découvre et
ferme ses petits yeux. Le froid qui l'avait pénétré tiédit.
Il se souvient de l'eau ardente. Ça le réchauffe. Une
hyène qui ricane plus fort le décide. Et, d'un bloc,
Poupah reprend le chemin de la ville, trompe basse,
sous le regard placide et narquois de la lune, de cette
lune qu'il n'avait jamais tant remarquée qu'aujourd'hui,
poursuivi par les sarcasmes de la forêt tout entière, son
petit œil fixé sur la lumière qui clignote à l'horizon....

En proie aux terreurs ou délivrée de ses angoisses,
toute la brousse crie sur son passage. Si bien que c'est
au grand trot que Poupah va rejoindre l'enclos où nul
ne le menace. Il n'a pas même pris le temps de manger,
il ne sent pas sa faim. Et sa panse est si flasque qu'elle
se balance comme un sac vide agité par le vent.

Le gardien de la Résidence, rendant compte de son
service de nuit, dit simplement :

— Poupah était sorti, il est rentré....

Nul ne fit attention aux fantaisies du jeune animal.
Et Poupah, errant comme d'habitude, reprit le chemin
du marché et des boutiques.

Résigné davantage, il connut les déceptions habitu-
elles. Même l'alcool devenait rare: hausse du change et
droits de douane. Personne plus ne se souciait de gaspiller les bouteilles de gin, même pour voir Poupah
"faire le beau" ou se livrer à des pitreries plus dé-
gradantes encore, s'affaler et dormir sur la route, ou se
frotter aux cocotiers en faisant dégringoler sur son dos
les noix de coco avec le bruit sourd du tam-tam de
guerre.

5

Chaque jour amène ses joies et ses peines. Il advint,
ce jour-là, qu'un ancien sergent d'infanterie colonial
rentrait en France, après avoir pendant deux années
chassé l'éléphant. Il rapportait un assez joli tonnage de
pointes respectables, et tenait ses assises au Cercle en
attendant le passage du paquebot des Chargeurs
Réunis.

Comme le temps lui paraissait long, il occupait à lui
seul le garçon, signant deux fois par heure des bons de
champagne, d'apéritifs ou de liqueurs, payant des
tournées et racontant à qui avait le loisir de l'écouter ses
chasses et ses aventures.

Il était maigre et musclé, tanné par le soleil, la pluie et
le vent de l'intérieur, le visage osseux et des moustaches
de Gaulois. Comme l'après-midi lui avait épaissi la
cervelle et qu'il se trouvait seul, abrité par la véranda, il
vit soudain, à l'angle d'une rue, apparaître Poupah. Il
se crut, sur-le-coup, l'objet d'une hallucination, chercha
d'instinct autour de lui et, ne voyant pas d'arme, se mit
à hurler des appels incohérents, disant entre autres
choses "qu'on avait voulu se moquer de lui, que la bête

était une bête de cirque faite avec deux hommes, et qu'il aurait bien pu en cuire à ces farceurs, s'il avait eu son fusil sous la main...."

Le garçon calma tout cet émoi en mettant de la glace dans son verre et en décrivant les habitudes de Poupah.

— Alors, viens ici, ballon dirigeable ! s'écria-t-il. Viens trinquer avec un vieux camarade !

L'homme qui tentait le désir de Poupah avait une voix dure et inconnue, mais il n'en fallut pas davantage pour faire approcher l'éléphant, trompe ballante, tête basse, la peau trop lâche allant de droite et de gauche, les petits yeux encore brillants.

Ce qui se passa fut très simple. L'homme à la tête de Gaulois versa dans une cuvette émaillée du champagne, des sirops, des liqueurs et des apéritifs variés et fit le plein avec de la limonade.

Poupah but. L'homme admirait, s'esclafait, jurant "qu'il ne risquerait plus un coup de fusil sur un éléphant, comme il avait l'habitude de le faire jusque-là, mais qu'avec l'argent de son ivoire il allait acheter des tonneaux d'alcool pour saouler toute une tribu d'éléphants, y compris les vieux solitaires."

Poupah vida la cuvette, fit le beau et s'en fut, poursuivi par les sarcasmes des jeunes nègres qui s'étaient attroupés....

*
* *

La nuit recouvrit la terre d'Afrique, les bêtes et les hommes, la forêt et les villes, et Poupah qui avait perdu le chemin de son enclos. Errant, titubant dans la gare des marchandises, il avait culbuté sur une caisse et s'était affalé en travers d'un embranchement.

Le trafic, arrêté depuis la fin du jour, ne reprenait que

le lendemain avec le train de l'intérieur. Personne ne vint donc chasser Poupah, ni troubler son repos.

Au surplus, la pluie, une de ces vastes pluies équatoriales accompagnées d'orage, avait fait rentrer les employés de la ligne dans leurs maisons. Poupah resta donc parmi les voies de garage, écroulé sur le côté, la trompe allongée, un œil contre terre et l'autre dirigé vers le ciel où il surveillait le passage des lourdes volutes noires chargées de feu, de bruit et d'eau.

Et cette eau, ruisselant sur son corps amaigri, faisait une flaque dans le trou noir qui se creusait entre ses côtes et la cuisse, à la place de la panse vide.

... Maintenant, Poupah, semblable à une outre gigantesque abandonnée sur les cailloux, fait un rêve puissant. Il rêve qu'il a avalé un si important repas de sissongho, que son ventre est devenu aussi énorme que la tête d'un benténier géant : si lourd qu'il ne peut plus se soulever. A quoi bon d'ailleurs se dresser, courir encore à travers la forêt, la plaine, les broussailles ? Il a tellement absorbé d'herbes et de pousses fraîches que de longtemps il n'aura plus besoin de manger. Il est nourri pour toute sa vie, cette vie qui est un chaînon de la haute lignée d'éléphants qui peuple et gouverne la brousse.

Au sein de la mare tiède où il est vautré, Poupah n'a plus qu'à se laisser aller au sommeil, à la paix. Sa mère l'asperge avec sa trompe, pour le laver, comme au temps de son enfance quand ils rencontraient un point d'eau. Elle n'est pas seule. Voici que, un à un, tous les éléphants de sa tribu arrivent, l'entourent, le félicitent. La tribu grossit, devient un peuple, une muraille noire et mouvante qui l'encercle. Des milliers et des milliers de trompes puisent l'eau dans la mare, l'arrosent, puis se dressent comme une forêt de palmiers sans tête. Des milliers de pattes, grosses comme des troncs d'arbres de vingt ans, piétinent autour de lui, dansent la danse du "grand marécage," la danse du "profond sacrifice," au cours de laquelle l'âme des éléphants va rejoindre celles des ancêtres dont l'ivoire meurt parmi les ossements gigantesques.

D'énormes grondements roulent au-dessus de Poupah : sans doute le barrissement cent fois répété par d'innombrables gueules roses abritées sous des têtes noires, éventées par les oreilles démesurées.

Poupah voudrait se dresser, piétiner, danser, lui aussi, lever la trompe, barrir, agiter les oreilles, se réjouir au rhythme ancestral. Mais Poupah a trop mangé. Poupah est trop lourd, si lourd qu'il se sent enfoncer. La vase monte le long de ses flancs. Il va s'y engloutir. Pourquoi descend-il de la sorte ?

Cependant le troupeau veille. La tribu s'agite, veut l'arracher à son enlisement. Des trompes le tirent par les pattes, par la queue, par la trompe, par les oreilles. Il est tiraillé en tous sens. Un gros mâle affairé trébuche, tombe sur lui, l'écrase. Poupah respire difficilement. Il est collé à la boue chaude qui l'aspire vers les profondeurs. Ses yeux s'enténèbrent.

L'angoisse gagne Poupah. Il voudrait se dégager de ce gros père qui lui plante sans le vouloir,—ou pour le châtier de ses complaisances envers le Désir,—ses défenses au creux de l'épaule. Poupah veut crier. Il ouvre sa gueule aux relents d'alcool. Il crie.

Malheur ! Tout le troupeau s'égaille, les milliers de

pattes se dispersent, la tribu se désagrège, le peuple de
masses sombres s'enfuit, trompes dressées, en hurlant:
— Poupah sent l'homme!...Poupah a oublié
l'Appel!...Poupah pue l'esclave!...De la gueule de
Poupah sort l'odeur de mort!...

Tout ça naturellement dans le langage des éléphants,
qui, pour s'exprimer n'a pas besoin de tant d'articula-
tions que le grossier langage des hommes, et qui est
celui dont se sert, depuis l'origine des temps, le peuple
qui règne sur le sol comme les termites règnent sous la
terre.

Et au moment où le vrai chemin de sa vie est révélé à
Poupah, voici que le marécage le recouvre. Il s'y en-
fonce comme dans un lit très doux d'herbes molles, à
l'ombre des arbres géants dont les feuilles s'égouttent
sur lui.

...Tout est fini! Abandonné sous le regard de la
lune que le vent a dévoilée de ses nuages, Poupah est
devenu inerte et léger, pareil à ces fumées bleues qui se
répandent en nappes sur les vallées, autour des villages,
et qui remplacent les Génies nocturnes à l'heure du
matin fragile.

Le lendemain, le train de voyageurs qui partait pour
le haut pays fut bloqué à la quatrième aiguille. Des
nouveaux-débarqués sautèrent sur leurs fusils. L'un
d'eux,—de la graine de ceux qui, le cœur secoué d'émo-
tions, tuent raide la biche apprivoisée de M. l'administrateur en chef,—dit à ses voisins: "Quel pays tout de
même! Eh bien! si les éléphants viennent jusque dans
les gares...!"

En plein ciel, une immense compagnie d'oiseaux sombres formait progressivement un entonnoir dont le centre pointait vers la tête du convoi. Les vautours et les marabouts, grands amateurs de bêtes mortes, criaient: "La belle viande! la grosse viande!" Par intervalles, l'un d'eux se détachait et, dans un vol piqué, venait surveiller le travail des manœuvres qui, avec des leviers et des cordes, tiraient hors de la voie le cadavre de Poupah,—sur cette terre que ses ancêtres dominaient à l'époque indicible où l'homme n'était toujours qu'une intention divine.

III

TAN, L'ANTILOPE

A

JAMES TAGG

AFFECTUEUSEMENT

I

Malgré la chaleur, le Toubab chassait, ou se trouvait en position de chasse, ce qui est sensiblement la même chose quand on peut se croire isolé dans une plaine entourée par les méandres d'un marigot, fréquentée par les antilopes et les outardes que des bêtes à griffes de toute taille recherchent avec un goût prononcé.

S'il n'est question que de ces rares bêtes dans une étendue assez vaste pour fatiguer un cheval en bonne forme, c'est qu'elles sont à peu près seules à se montrer. Avec une prudence excessive, d'ailleurs.

Il pourrait sembler inutile de transporter une arme et des cartouches par cette chaleur étouffante et grise, dans ces espaces vides où les yeux rongés de lumière sourde ne voient rien, où tout est silence et immobilité : pourtant le Toubab chassait. Infime tache kaki, confondue avec le roseau. Minuscule fusil qui représentait, avec la griffe et le venin, la mort immédiate.

Pas de chien pour découvrir le gibier : les chiens n'ont pas de flair sur un sol desséché, dans l'herbe roussie, tellement prête à brûler que la flamme devrait en jaillir spontanément. Les chiens du pays ne courent qu'après ce qu'ils voient, sauf quand il s'agit d'un lion ou d'une panthère, ou encore d'un hippopotame dont la peau épaisse ne craint l'insulte d'aucune bête.

Le Toubab chassait quand même. Il savait bien qu'à ras de terre, en haut, en bas, en tous sens, des yeux de toute grandeur le regardaient avec patience.

Tout contre une muraille de hautes herbes, il guettait un bruit, un froissement, une sortie prudente ou désordonnée. Presque toujours, quand ça se produit, il y a surprise de part et d'autre, chez la bête et chez l'homme ; ou de la frayeur, ce qui ne vaut pas mieux. Il est alors préférable que ces sentiments soient plus calmes chez l'homme : cela lui permet d'épauler à temps son fusil et de loger sa balle en plein poitrail d'une bête griffue ou fortement cornue. Cela lui donne également la possibilité d'en parler le soir, au Cercle, et de reprendre le bateau pour France au moment du congé.

Quand le vent souffle, les hautes herbes ondulent, comme en Europe les blés verts au mois d'avril, et empêchent d'entendre le gibier. Il se mêle alors de l'angoisse à la chasse : mais on a tout de même le vent, ce qui est quelque chose à l'époque où la peau de la terre ressemble à une coquille d'œuf écrasé.

Soudain, à un jet de pierre devant lui, le Toubab vit les panaches des herbes s'écarter en ligne droite. Il se rendit compte que le vent libre n'a pas l'habitude de prendre la forme d'une étrave de navire, ni d'une lame de couteau comme il lui arrive en passant par une porte mal fermée. Il s'en rendit bien compte et arma sa carabine.

Si soigneusement graissée qu'elle fût, elle rendit un petit cliquetis de métal. Les herbes s'immobilisèrent. En même temps, un cri s'infiltrait à travers les panaches.

— Houlou ! Houlou ! Houlou !

— Qui est là ? cria le Toubab.

— Ne tire pas, ce n'est que moi.... N'abîme pas une cartouche.... J'arrive.... Attends-moi.... Je ne peux pas marcher plus vite, la fatigue me tue.... Mais je porte dans mes bras quelque chose qui te donnera de l'étonnement....

La voix n'avait pas fini de parler, d'un ton misérieux, mi-rieur, que Nagô Konaté apparut aux yeux du Toubab, les bras chargés d'un bébé-antilope : un petit mâle, qui se débattait de toute la force de ses reins et de son cou, avec la peur rageuse que des milliers d'années de brousse avaient mise dans ses pattes, minces et pointues, bien que celles-ci fussent présentement amarrées à quatre avec un chiffon.

Sorti des hautes herbes, Nagô s'arrêta en face du Toubab. C'était un grand gaillard, venu par son père de l'immense famille des Malinkés et, par sa mère, du peuple des Toucoulaures, agriculteurs ou chasseurs; un de ces hommes noirs tout en muscles qui, au cours de la guerre, formèrent des troupes en véritable acier au vanadium. De petites cadenettes dépassaient sous un bonnet crasseux et tissé à la main, et encadraient une face ronde qu'on eût dite sculptée dans du bois de fer. Le blanc des yeux était strié de veinules sombres,—à cause du soleil qui sévit dans les plaines et les marigots. Les dents étaient jaunies par le tabac en poudre, dégusté en silence et à longueur de journée pour ne pas éveiller l'attention de la brousse, et par la noix de kola qui remplace la nourriture quand le gibier devient trop malin et que la chasse traîne en longueur. Sur ses traits était répandu un air d'impassible sérénité qui finit par

marquer l'homme habitué à attendre une matinée
entière, immobile, la sortie d'un porc-épic de son terrier,
ou le passage d'une biche au clair de lune près d'un
baobab qui perd ses tendres fleurs pâles.

— As-tu passé la nuit en paix, Toubab? demanda-
t-il poliment.

— En paix seulement, Nagô !

En travers des épaules du chasseur noir était allongé
un interminable fusil boucanier, dont un habile forgeron avait clandestinement transformé l'allumage:
d'un fusil à pierre il avait fait un fusil à piston. Ainsi,
tout le monde était satisfait: l'administrateur qui
n'avait donné un permis que pour un fusil à pierre et le
chasseur qui ne risquait plus de mouiller sa poudre et
achetait des capsules de contrebande en pays portugais.
La crosse était matelassée d'amulettes, décorée de petits
coquillages,—un par gros gibier tué,—enduit d'un
vernis brun-noir, le sang desséché des victimes, qui
faisait une croûte épaisse, écaillée par endroits.

Un sachet à poudre, un sachet à balles et une dé-
pouille de chèvre en guise de besace, complétaient
l'équipement.

L'homme était vêtu d'une cotte sans manches et
d'une espèce de caleçon à cuisses larges et flottantes, le
tout fabriqué avec des bandes de cotonnade rugueuse
tissées large comme la main et cousues ensemble. Le
vêtement serré au corps par une ceinture d'étoffe était
tout rapiécé, la culotte frangée; et leur teinture primi-
tive, qui constituait déjà un camouflage sérieux, avait
pris le ton des feuilles et de la terre grillées de soleil.

Nagô portait la même vêture depuis des années: par
économie, mais surtout parce qu'aucune griffe de lion,

aucun croc de panthère ne l'avait encore déchirée, et que l'on ne sait jamais si c'est la chance ou la malchance que l'on coud à un habit nouveau.

— As-tu tiré quelque chose? reprit cet homme sage.

— Je n'ai rien vu qui ait de l'importance, Nagô....

— Peut-être, méprises-tu les perdreaux et les lièvres....

— Et toi? Où as-tu pris ce fils d'antilope?

— Sa mère est couchée là-bas. J'allais approcher ma pirogue pour l'enlever. C'est une "grosse viande." De loin, je t'ai vu. Je t'apportais son petit, quand je t'ai rencontré....

Et il déposa aux pieds du Toubab un jeune animal semblable à un chevreau de deux mois, maigre, au poil touffu, ébouriffé, roux sur le dos, beige sous le ventre, blanc au derrière, avec de grands yeux et un mufle tout noirs, qui s'agita de plus belle et chercha à se relever pour s'enfuir dès qu'il eut touché terre.

Le Toubab se pencha pour le flatter de la main.

— C'est un coba, dit-il. Mais...il a l'oreille percée.

— Un des plombs qui a manqué la mère, dit le chasseur noir. Le petit tette encore le lait. Mais nous te savons assez malin pour lui remplacer celle qui le nourrissait. Je te quitte et poursuis mes besoins....Je t'ai donné ce petit d'antilope, possesseur de quatre pieds rapides....

Comme le chasseur noir allait s'éloigner, le Toubab dit:

— Tu porteras chez moi une cuisse de ton gros gibier....

Et il tendit à Nagô trois fois la valeur du morceau.

— Par la vérité toute claire, dit ce dernier, faire un

cadeau à ton semblable rafraîchit le cœur ! A la paix,
Toubab !

— Paix et paix, Nagô !

2

Ce gaillard avait coutume de vendre son gibier au
village : mais on pouvait voir aisément que s'il avait été
dans l'obligation de distribuer pour rien le fruit de sa
chasse, il n'aurait pas manqué, à toute occasion, de
suivre les pistes que ses ancêtres toucoulaures et
malinkés avaient suivies, et du même pas souple et
glissant que pour aller chercher sa pirogue au bord du
marigot....

Quand il eut disparu, le Toubab regarda son petit
d'antilope, essaya de le flatter,—impossible, il avait encore son caractère de brousse et la panse pleine de lait,
—le chargea sur ses bras, tout contre la courroie de son
fusil, et prit le plus court chemin pour rentrer à la
maison, assez satisfait d'augmenter sa famille d'un
animal farouche et distant, dont un coup de patte ou
de corne vous ouvre proprement le ventre ou la cuisse.

En marchant, il pensa que lorsque le petit d'antilope
serait assez grand pour supporter le voyage et qu'il
aurait d'assez bonnes manières pour faire honneur à des
hôtes de marque, sa place serait toute trouvée dans un
parc du Périgord, pour la joie d'une belle fille brune,
sous les chênes et les châtaigniers en été, et dans une
bonne grange rembourrée de foin durant l'hiver.

Il n'y pensait pas très nettement, comme avec
pudeur, ou même avec une légère crainte,—car il tenait
avant tout à la paix de l'âme qui, sous le Tropique, est
le gage d'une bonne santé. Il espérait surtout découvrir,

d'ici là, quelque nouveau secret de la nature dite "sauvage" que les visions émues et hâtives de la chasse n'avaient encore pu lui livrer.

Arrivé à la maison, le Toubab délivra les pattes de la bête et la déposa toute frémissante dans le parc clos de bambous tressés que fréquentaient déjà des biches rayées, belles et stupides, des biches fauves, effarouchées et souples. Elles flairèrent le petit et s'éloignèrent aussitôt en méprisant son odeur âcre, sa mine de jeune vagabond, dans l'ignorance où elles se trouvaient que ce cousin à l'oreille percée, au poil rude et onctueux, atteindrait un jour la taille et la force d'un mulet.

On lui donna le nom de Tân. C'était sonore, d'un appel facile, et cela signifiait quelque part dans le monde : antilope.

Le parc était ombragé de corossoliers, d'ébéniers, de goyaviers, de manguiers et d'un arbre à la Renoir dont les fruits rouges et fondants pleuraient des larmes de sucre. Tân s'ébroua, essaya de forcer les palissades couvertes de volubilis et de glycines jaunes : impuissant et las, il s'installa dans un coin, têtu et le poil rebroussé, sous l'œil narquois des chauves-souris pendues dans les arbres et qui s'apprêtaient pour leurs nocturnes acrobaties.

Il fallut, en hâte, confectionner un biberon avec une bouteille et un bout de linge. Mais cela ne fit pas l'affaire de Tân. Il gaspillait le lait, se cognait le museau à la bouteille, par habitude qu'il avait de bousculer les courtes tétines de sa mère-antilope.

Une chèvre indigène lui fut donnée, qui lui convint

beaucoup mieux. Ce fut lui qui ne convint pas à la chèvre. On dut maintenir cette bête, basse sur pattes, et l'obliger à accepter son étrange maternité. Il arriva ce qui devait arriver : la chèvre, naturellement, prit son petit rousset en telle affection qu'elle ne voulait plus se séparer de lui.

Tân se sevra tout seul, ou plutôt à l'exemple de sa nourrice : une feuille, une pointe d'arbuste. En jouant d'abord, peu à peu par goût. Et pendant qu'il s'essayait ainsi à brouter, les Noirs qui s'arrêtaient, curieux, disaient en souriant :

— Chacun sait bien qu'un brin d'herbe ne tue pas le chevreau qui tette !

Ensuite, tel le fils d'un hobereau, il passait les journées d'avril, écrasées de chaleur, dans le parc ombreux qui séparait la maison du jardin potager, rôdant sous les ébéniers, dormant à l'ombre des manguiers et des prodigieux bananiers. Il glissait son mufle noir et ses grands yeux par les trous des clôtures, envieux de l'herbe qu'il ne pouvait atteindre, contemplant la maison à étages, ses arcades et son toit de tuiles rouges. Pendant des heures, il suivait ainsi le travail modéré du jardinier qui sarclait des radis, des choux et des salades,— méprisables à son sens,—et qui arrosait des tomates convoitées du peuple nègre tout entier.

Tân surveillait aussi les courses du chien, sa bruyante utilité, et prenait un intérêt aux allées et venues des gens de toute sorte que le besoin ou le métier amenait chaque matin dans l'escale, ne se doutant pas que ces hommes qui le considéraient avec douceur (à cause du Toubab) étaient capables d'attendre, du lever au coucher du soleil, une antilope à l'entrée d'un bois et de lui envoyer une charge de pieds de marmite à travers le corps.

A cette époque, son maître s'était emparé de Tân, jour par jour, heure par heure. Il s'agissait de lui faire oublier les transes et les dangers qui suivent la tribu cornue, qui hantent ses nuits hostiles. Il avait commencé à le gratter autour des yeux, sous le ventre, le long des cuisses, sous la mâchoire. Tân, effrayé tout d'abord de ces caresses, s'y était peu à peu habitué, surtout lorsqu'il avait reconnu que la main qui le grattait aux endroits avantageux du corps, était aussi la main qui lui donnait de l'herbe et des nourritures savoureuses.

A un seul exercice, l'animal était décidément réfractaire : il refusait de se laisser enlever comme les agneaux et les chevreaux que l'on porte dans la maison du boucher. Il se rappelait alors brusquement, dans la cervelle étroite que lui avaient léguée ses ancêtres agiles et peureux, qu'une antilope ne doit se soulever que pour bondir de joie et, plus souvent, pour fuir ou se défendre.

Ce furent les tiques, tenaces insectes qui s'accrochent aux bêtes de la brousse, même aux éléphants, et qui se laissent couper la tête plutôt que de céder leur place sur le cuir qu'elles ont perforé, qui amenèrent Tân à composition. Une brosse en chiendent et un peigne de fer remplacèrent avec succès les roulades dans la poussière, les frottées énergiques et vaines contre les arbustes épineux. La sensation fut directe, spéciale, appréciée par Tân à sa valeur. L'homme nourrissait, donnait du plaisir, satisfaisait la curiosité des yeux et se montrait capable d'écarter les désagréments de l'existence.

A la rébellion du début avait succédé un complet

74 LE LIVRE DES BÊTES

abandon: ainsi les premiers bœufs témoignèrent leur reconnaissance au porteur d'une hache de pierre qui les protégea des bêtes féroces. Plus besoin d'initiative, plus de peurs qui ravagent le poitrail et font dresser les oreilles, plus de frissons qui hérissent le poil onctueux, plus de folies à vous dévaster le crâne.

Dans le parc, les feuilles des manguiers, des ébéniers étaient tombées, remplacées aussitôt par des feuilles neuves et fragiles. A la saison des fruits, les roussettes avaient dévoré les mangues et les pommes d'acajou, et Tân, pénétré chaque jour davantage des joies ignorées du clan cornu et que la brousse ne pouvait donner (il n'avait pas eu le loisir de savoir ce que sont l'espace et le vent libres), était devenu plus esclave que les esclaves de race soumis à l'homme, tels que le chien, le chat ou même les bestiaux qui attendent paresseusement dans un enclos qu'arrive le jour de leur égorgement. Mais sans la nuance de fatalisme qui se révèle dans l'œil d'un bœuf.

Avec l'homme blanc, que docilement suivaient les hommes noirs, Tân avait conclu un pacte d'amitié. Il lui avait confié une destinée que les jeunes antilopes confient au chef de la harde, selon les coutumes qui régissent la tribu depuis que la forêt est sortie de terre pour mourir, engraisser la terre et renaître, au cours de siècles innombrables,—la forêt dont l'haleine est rude, la forêt et ses fureurs stupides, où le "sauve-qui-peut" fait office de raison.

Les habitants de l'escale, comme d'ordinaire, jugeaient la chose différemment. Tous s'étonnaient de la familiarité d'une des bêtes les plus méfiantes de la

création. Les Blancs, ceux qui ne pensaient qu'à leurs
rapports administratifs ou à leurs marchandises et qui
n'observaient de Tân que sa fidélité obstinée, disaient :
— Cette antilope est parfaitement idiote et sans
intérêt !

Quant aux Noirs, ceux dont la barbe était parsemée de
poils blancs et qui ne voyaient de l'univers que les
grandes lignes, se racontaient prudemment entre eux :
— La "viande sauvage" qui est parmi nous cherche
à connaître les choses cachées à ses semblables de la
brousse....

Tân ne se souciait ni des uns ni des autres, et ne de-
mandait aucun avis pour mener sa nouvelle existence et
contempler, avant de se coucher dans un coin de la
véranda, les petites flammes immobiles que les hommes
allument le soir pour prolonger le jour et qui ne brûlent
que les papillons.

3

Les anciens parmi les Noirs avaient raison. Ils
savaient bien, pour l'avoir entendu de leurs pères et
pour avoir chassé eux-mêmes, que la curiosité perd
souvent l'antilope. A la vue du chasseur, elle commence
par fuir, d'une seule détente ; mais, au bout de cent pas,
elle se retourne, tête haute et croupe tendue, pour
observer celui qui l'a effrayée.

C'est dans ce sentiment que Tân grandit, considérant
les hommes et leurs accessoires à longueur de journée.
Ses jarrets devinrent nerveux et solides comme ceux
d'un jeune paysan ; sa robe se mit à la couleur de la
plaine torréfiée que fréquentait sa mère ; de mois en
mois, son poil devint plus brillant, à mesure que sa peau

sécrétait cette matière onctueuse qui protège la race contre l'atteinte des pluies persistantes.

Un jour, le front de la bête se gonfla. On put la voir qui se frottait le crâne à tout instant contre les arbres et les palissades. Deux cornes discrètes et rapprochées finirent par sortir.

Avec le premier anneau qui se forma à la base des petites pointes, vint l'audace. Comme Tân atteignait maintenant la hauteur de la table de la salle à manger, il en profita pour dérober le pain, les cigarettes oubliées qu'il broutait avec volupté, pour poser sa tête confiante entre les convives, totalement indifférent aux allures du chien qui ne se nourrissait que de viande, au bec du marabout qui de son côté faisait mine de l'ignorer, à la vie de toutes les bêtes, enfin, qui encombraient la cour, les vérandas et les appartements.

Au petit jour, il pénétrait dans la chambre de son maître, à l'heure matinale du café, délaissant pour le pain grillé l'herbe qu'entassaient devant lui les serviteurs. Quand il connut le sucre, il devint si obsédant que les Noirs de l'escale qui fréquentaient la demeure du Toubab, comme les clients peuplaient autrefois les demeures des patriciens, s'exclamèrent:

— En vérité, les "hommes aux oreilles rouges" ont pris pour esclaves les "viandes sauvages." A l'heure qu'ils voudront, ils leur feront porter des charges comme à des ânes !...

*
* *

Les saisons passèrent. Aux cornes de Tân un anneau se forma sous l'anneau précédent, et cela lui fit un hivernage de plus. De l'intelligence? Il n'en pouvait être question, même au sens où on l'entend pour le chien ou l'éléphant. Encore moins d'humour. Sauf une fois : Tân s'était mis à danser devant une armoire à glace à la vue de sa propre image. Pour lui, le mystère du miroir était le même que pour un singe ou un tout-petit des hommes.

Mais dans la cervelle inconsistante de la bête, une transparente pensée, celle de son maître, avait peu à peu remplacé la pensée de l'herbe jaillie du sol et les ébats de la harde au creux d'un vallon quand les antilopes croient avoir distancé leurs ennemis. Les regards de ses grands yeux noirs ne caressaient plus le monde, mais enveloppaient le maître, devenu le centre de tout, plus précieux que la teinte des jours, le bienfait des saisons et la saveur de l'eau.

Cet attachement, chaque jour plus obstiné, ce besoin de protection à tout instant manifesté, cette aveugle confiance, lassaient parfois son maître. Alors, celui-ci usait de bourrades pour écarter l'animal trop familier ; mais il finissait toujours par se reprocher les coups qu'il donnait, quand les grands yeux sombres continuaient à le regarder à travers les longs cils et que la langue bleutée recommençait à le lécher. L'impatience calmée, Tân s'emparait à nouveau et sans rancune de la véranda blanchie à la chaux, encombrée de tables, de fauteuils et de plantes, broutait le livre de son maître et lui dérobait sa cigarette au bout des doigts.

Deux autres petits cercles noirs s'ajoutèrent aux cornes de Tân. Il eut la taille d'un ânon bien nourri et sa force devint grande. Quoique trop jeune pour connaître les ardeurs qui, à la pousse des feuilles, mettent la folie dans le crâne des antilopes, ses jeux prirent de la rudesse. Les serviteurs n'osèrent bientôt plus s'opposer à ses fantaisies. L'un d'eux ne vint-il pas un jour réclamer sa paye et quitter son service ? "Il avait reçu des coups de tête," disait-il, "pour avoir voulu ramener Tân à sa place et l'empêcher de se conduire autrement qu'une bête sauvage...." Il ajoutait que "l'antilope, lorsque ses cornes seraient tout à fait hautes, jouerait le jeu comme le jouent les mâles du troupeau et que perdre la vie serait alors pour les gens de la maison une chose facile !"

Quand ils eurent vent de la nouvelle, les jeunes gens de l'escale préparèrent en secret des arcs et des flèches pour profiter d'une aubaine et faire une ripaille le jour où l'on serait obligé de renvoyer la bête dans la brousse.

Sans plus manifester d'inquiétude, Tân vivait, mangeait tranquillement le pain des hommes et jusqu'aux plats cuisinés à la viande de bœuf, et goûtait dans les verres les breuvages colorés qu'on lui présentait. Il n'avait même pas peur des dépouilles de panthères qui entraient dans la maison et qui donnaient des crises de nerfs aux singes de la cour. Installé dans sa nouvelle vie, il était devenu un de ces êtres hors catégorie qui agrandissent d'un seul coup le champ de leur existence et dont l'accident finit par créer des espèces nouvelles, —étonnements de la nature.

Quant à son maître, il s'attardait plus souvent qu'il ne s'en rendait compte à embrasser les grands yeux noirs, à respirer l'odeur à la fois bovine et fauve de la bête, pour se renseigner sur la vie des antilopes dans la brousse, dont il n'avait encore surpris que l'inquiétude

sur des têtes fièrement dressées, la curiosité naïve et le
mécanisme admirablement ordonné pour la fuite.

Au début d'un hivernage, quand les tornades amènent
la fièvre et les moustiques, le maître de Tân rentra en
France. Il prenait quelques mois de congé, non point
seulement pour réparer son corps fatigué, mais surtout
pour remettre en place la matière grise et le cervelet.
Au bout d'un long séjour sous le Tropique, on n'est plus
guère d'accord avec personne sur les couleurs, le temps,
les distances, et il se trouve toujours un obstacle, fût-ce
une fourmi sur le chemin, pour arrêter les plus beaux
élans.

Le maître de Tân partit donc et laissa la bête à son
remplaçant. Celui-ci appartenait à cette catégorie
d'hommes dont il vaut mieux ne point parler et qui se
croient des demi-dieux parmi des êtres facilement jugés
primitifs et sauvages : un homme au surplus qui n'aurait
pas vu d'arbres dans la forêt. Ce sont de telles gens qui
racontent de bien fabuleuses histoires aux voyageurs
d'occasion.

L'homme nouveau rudoya Tân et interdit aux serviteurs de perdre des heures à couper de l'herbe pour un
animal "bien capable d'aller tout seul la chercher poùr
son propre compte."

Plus de pain ni de sucre, plus de biscuits, de tabac ni
de caresses : Tân devint triste. Il restait des heures
entières au pied d'un arbre, immobile,—pensif.

Un matin, comme des chèvres passaient, il se souvint
de sa mère-nourrice qui l'avait gratifié de bonnes
manières ; et il se joignit au troupeau.

Les chèvres reculèrent, craignant les jeux robustes d'un faux frère qui les dominait de beaucoup, s'enfuirent dans la plaine qui entoure les abords de la ville et se réfugièrent dans la broussaille, entre les champs et la forêt. Mais Tân, avec ses allures de lourdaud et ses cornes droites, les rattrapa en quelques foulées et se mit à paître fort paisiblement parmi elles.

Les jeunes garçons, auxquels rien des petits événements n'échappait, se dirent entre eux :

— L'heure est venue où nous allons manger la "viande" du Toubab....

Et ils sortirent en hâte leurs petits arcs et leurs petites flèches, et s'armèrent des vieux fusils à pierre abandonnés par les chasseurs. Ce que voyant, les anciens firent des réserves, disant :

— Le Toubab reviendra l'année prochaine et vous posera des questions....

— L'année prochaine est dans la main de Dieu ! répondit la jeunesse.

Et ils partirent. Les chiens roux qui gardent les cases les suivirent, tout heureux d'échapper aux injures familiales et de se divertir hors de leur quartier.

Mais comme ces chiens sans odorat courent après tout ce qu'ils voient, tels des fous furieux ils chargèrent le troupeau de chèvres qui contenait Tân. Celui-ci, en quelques bonds, les lâcha ; emporté par ses jarrets et la détente de ses muscles, il traversa la broussaille, la brousse, et pénétra dans la forêt qui sépare entre eux les districts habités.

...La nuit tomba. Tân ne revint pas.

L'hivernage passa, et Tân ne rentra pas dans la maison des hommes.

— Quand le Toubab descendra du bateau, il y aura des paroles, et encore des paroles !...dit un ancien.

— Et même du bruit ! ajouta un autre.

4

Le Toubab revint de France, avec les oreilles plus rouges qu'à son départ, avec plus de sang aux paupières. Il fit appeler Nagô et lui dit:

— *Ils* ont fait partir le petit d'antilope que tu m'avais donnée....Fais tout ce que tu pourras pour m'en rapporter un autre.

— Avec l'oreille percée? dit le chasseur en riant.

— Méfie-toi, Nagô ! Toutes les balles n'ont pas la même ruse ni le même esprit....

— Alors...il avait réjoui ton cœur? ajouta le Noir.

— Apporte-m'en un autre, et tu seras davantage mon ami....

***

Ce qu'il advint de Tân échappa aux regards des hommes. La brousse et la forêt sont larges. Le chasseur n'y foule pas deux fois la même feuille. Les jeux de la vie et de la mort y sont libres et leur champ mal limité....

***

Vers la fin de la saison sèche, comme le moment était venu de préparer les cultures annuelles, des étrangers arrivèrent du Soudan et dirent aux anciens d'un village qu'une dizaine de lieues séparaient de la ville habitée par le Toubab:

— Si nous suivions notre désir, c'est près de vous que nous espérerions nos prochaines récoltes....

— La brousse est dans la main de Dieu ! répondirent les gens du pays. Préparez des terrains au delà des nôtres, payez vos impôts au gouvernement, et ne faites de tort à personne....

Le lendemain, ces jeunes fous, éloignés des conseils de leurs pères et de leurs grands-pères et qui n'avaient apporté d'amulettes que pour protéger leur corps, se mirent à considérer l'étendue de la brousse à défricher, le nombre des arbres à couper. Ils palpèrent la paille qui craquait sous leurs doigts, les feuilles des arbres racornies par une longue sécheresse, et dirent simplement :

— Comme le feu nettoierait bien les endroits dont nous avons besoin !...

L'un d'eux, fatigué d'avance de manier la hache, alluma les herbes en plusieurs points, à l'heure où le soleil décline qui, pour la terre, est la plus chaude du jour :

— Il n'y a pas de vent, dit-il. Tout ça va brûler tranquillement pendant que nous nous reposerons....

Au crépitement des tiges, les enfants du village accoururent. Et comme les herbes, pour s'amuser, flambaient avec lenteur, les enfants chantaient : "Le feu ! Oh ! le feu !" "Le feu ! Oh ! Le feu !" avec la joie des premiers hommes noirs qui virent la fumée jaillir entre deux bois frottés.

Et les étrangers se tapaient dans les mains de l'un à l'autre, pour témoigner de leur satisfaction, et ils riaient parce que le travail se faisait tout seul.

Cependant, comme le soleil se refroidissait et que les lumières s'allumaient dans les maisons des hommes, un vent d'Est s'éleva ; vent hors de saison, sur lequel on ne comptait plus, qui avait dû s'attarder quelque part derrière les monts du Fouta-Djallon; un vent qui ne voit jamais l'eau, qui fendille les sabots des chevaux et des ânes, qui dessèche les lèvres et les paupières des hommes.

La colère du feu s'éveilla.

La flamme sautilla d'une touffe à l'autre, se répandit sur un front qui dépassa vite les hommes et les champs qu'ils désiraient.

Les milans et les émouchets, selon leur habitude, arrivèrent à tire d'ailes pour surveiller les rats et autres rongeurs que la chaleur fait sortir de terre. Ils volaient d'abord sur place. Mais bientôt l'étendue des flammes les obligea à des va-et-vient de plus en plus allongés.

Et les enfants, qui riaient et dansaient tout à l'heure, se mirent à trépigner et à pleurer lorsque furent détruites les petites cases qu'ils avaient bâties en bordure des champs, à l'imitation de celles de leur père, et qui abritaient le secret de leurs jeux.

Les hommes du village voisin, à la vue des fumées et des petits rapaces qui survolent les feux de brousse, commencèrent à s'effrayer: dans leurs champs se trouvaient encore en nombre des tiges de mil rompues et les herbes desséchées qui avaient succédé aux récoltes. Pour écarter la menace de leurs habitations, ils allumèrent un contre-feu dont la fumée se maria bientôt avec les autres fumées.

... Alors, à mesure que le feu s'éloignait des hommes, noircissait la terre et pénétrait dans la broussaille jaunie, de tous les fourrés, des "jungles" minuscules créées par les roseaux et les arbustes épineux, du sein de la terre et des touffes de bambous, sortirent les petits animaux que rien à l'ordinaire ne décèle à la vue, tant leur prudence est grande et la lumière du jour pénible.

Habitués aux petits incendies annuels, les lièvres s'étaient d'abord simplement reculés: ils couraient maintenant le long de la ligne embrasée, refusant de s'éloigner de leur terrier, promenant en tous sens leur derrière blanc qu'ils soulevaient par saccades. A leur suite trottinaient les rats, les mulots, les souris des champs, les écureuils de terre et les écureuils de palmiers qui étaient descendus dans la plaine en quête d'arachides que nul n'avait glanées.

A mesure que la flamme courait et gagnait en largeur, les chats sauvages se décidaient à fuir, mêlés aux chats-pards, aux civettes musquées, aux élégantes genettes qui fréquentent assidûment les poulaillers. Et sans ouvrir les ailes,—suprême ressource,—les perdrix, les pintades et les poules de Pharaon prenaient le pas de course pour distancer le feu.

Mais, à vrai dire, nul d'entre les animaux ne se pressait beaucoup: ils espéraient sourdement et à chaque instant que le vent tomberait, qu'une éclaircie, une partie dénudée de la terre arrêterait le cours des flammes. Ils ne se pressaient pas, et disaient seulement dans leur petite cervelle: "Nous ne sommes pourtant pas des hommes, ni des éléphants, ni des oiseaux voyageurs, nous tenons à notre demeure et à nos habitudes...." Et ils ne s'en allaient qu'au petit trot.

Cependant que, derrière eux, les arbustes et les hautes herbes qui retenaient avarement des gouttes de sève pour attendre les premières pluies éclataient, et que ces réserves d'humidité fusaient en une mince vapeur aussitôt dévorée.

L'œil méfiant, les Soudanais, si ingénieux tout à l'heure, se dirent l'un à l'autre:

— Le feu est en train de dépasser nos intentions !

Mais comme ils se trouvaient en petit nombre et les pieds nus, ils se retirèrent du côté du village qui les avait accueillis, priant Dieu et les Génies de l'air d'apaiser la folie du feu.

5

Aussi loin que pouvait porter la vue, la flamme et la fumée devinrent maîtresses de la terre, maîtresses du ciel que le jour abandonnait;—la flamme qui donna aux hommes l'avance sur les bêtes, la fumée qui ne plaît qu'aux hommes pour les humbles satisfactions du foyer.

Et devant la flamme et la fumée, sortirent en nombre des espèces de bêtes que des générations humaines avaient perdu leur temps à dénommer: les animaux dont les anciens parlaient avec importance, ceux que les chasseurs avaient rencontrés au cours de leurs randonnées, et d'autres inaccessibles qui faisaient l'objet de leur désir et fréquentaient seulement leurs rêves.

A l'entrée de la nuit, un village sur la droite alluma des contre-feux. Puis un autre. Et un autre encore. Si bien qu'un vaste hémicycle rougeoyant remplaça le bref crépuscule. A leur aise dans le ciel obscur, les engoulevents prirent la place des émouchets et des milans qui, avant de quitter leur ripaille, avaient chanté leur supériorité sur les bêtes lourdement incapables de franchir la barrière rouge. Tandis que sur un ordre mystérieux qui parcourait les dessous de la terre, les termites se hâtaient et bouchaient d'urgence les orifices de l'empire.

Et à mesure que les ouvriers crachaient toute leur salive pour humecter le mortier des cloisons, les dirigeants pensaient que, le flot brûlant une fois écoulé, il faudrait bâtir en hauteur pour éviter la terre cuite.

Les bêtes qui fuyaient et celles qui se muraient dans les profondeurs, toutes les bêtes gémissaient, entre deux hoquets: "Pourquoi nous montrer ainsi leur force? Nous ne leur disputions pas le pouvoir de la terre...."

Mais le feu prenait figure de fatalité. Il devenait un des instruments dont se sert la nature pour la sélection des espèces que les désastres de l'eau avaient jusque-là mises en valeur. Rattrapées les premières par le feu, les tortues agitaient un instant leur mâchoire édentée et se réduisaient sous leur carapace pour attendre la mort; et, comme les tortues, les caméléons et autres bêtes au pas prudent, au pas hésitant, acceptaient le destin, tête contre terre, innocentes et résignées.

D'autres, plus alertes, se réfugièrent au cœur de sombres taillis, sous des arbres énormes, disant: "Bien sûr que tout ça ne flambera pas comme l'herbe de la plaine...." Mais, poussé par le vent d'Est, le feu atteignit la haute brousse, envahit la forêt, entreprit de détruire les espoirs des arbres récemment sortis de terre et qui regardaient obstinément le ciel. Habitants des lisières, les bananiers se gonflaient, éclataient et, soudain ramollis, s'écroulaient. Par la flamme, les palmiers se voyaient en un instant délivrés des lianes qui les enlaçaient et des singes qui leur déchiquetaient la tête; mais nourris d'une sève abondante et liquide, ils résistaient aux atteintes de la chaleur. D'autres essences, en revanche, se distillaient et répandaient des odeurs de rose inconnues jusqu'alors.

Courant et dansant à travers la nuit, le feu ramassa sur son passage des biches naines au crâne orné de deux pointes acérées, des biches rayées qui fréquentent les clairières, des antilopes-cheval aux cornes torses qui font la gloire des chasseurs, un lion solitaire et vieux qui se rapprochait des troupeaux et commençait sa tournée nocturne.

Un à un se mirent ainsi en marche tous les animaux qui font le sujet des fables immortelles que les vieillards enseignent aux enfants et que les griots récitent pour distraire les rois. Sur la terre qui garde obscurément la trace du soleil, cela devint la sarabande des "tannas," des animaux-fétiches, signes de ralliement des tribus humaines. Mais là, plus de querelles ni de préséances : les sorciers et les meneurs de peuples n'y auraient point reconnu leur animal protecteur, incapable de se protéger lui-même en cette nuit de malédiction.

Du sommet des arbres géants qui, par orgueil, protégeaient des tornades leurs frères moins élevés, les oiseaux s'échappaient, aveugles, les plumes ébouriffées, pendant que les feuilles s'agitaient comme la crinière de gigantesques bêtes dont les pieds attachés au sol n'eussent pu piétiner l'ennemi.

Et tout le peuple de la brousse et de la forêt fuyait à travers ces arbres qui demain se dessécheraient et plus tard deviendraient des squelettes tout blancs au clair de lune.

Le vent d'Est portait maintenant le feu en tous sens. Feu et terre : ces deux éléments s'unissaient avec un éclat impudent. Le feu riait, crépitait, hurlait. La terre gémissait.

Et le feu pénétra dans une autre plaine où s'était

réfugiée une harde d'antilopes au poil onctueux. En tête, un vieux mâle aux cornes lourdes et cintrées. A la même hauteur, un jeune mâle se tenait à peu de distance, fier des quatre anneaux de ses cornes, droites encore, mais hautement plantées. Son flanc portait la trace de récents combats. Son oreille gauche était percée d'un trou, à moitié chemin de l'extrémité.

Ils prirent le trot, sans inquiétude, encadrant la harde. Derrière eux, le crépitement condamnait l'horizon, le vent apportait la fumée et les flammèches. Mais tout ce qui est antilope sait que ses pattes sont plus rapides que les feux de la terre : il suffit de trouver le bon chemin....

Quand les Soudanais rentrèrent chez leurs hôtes, les enfants avaient déjà parlé. Des regards obliques les accueillirent.

— Est-ce que vos pères n'étaient pas des esclaves libérés ? demandèrent les vieux.

— Qu'ils aillent donc rejoindre leurs cousins, les rois du Soudan !... dirent quelques maris méfiants et qui se moquaient.

— Nous ne leur cuirons plus de repas ! glapit une vieille femme. Si le vent avait tourné, le malheur serait tombé sur le village !... Les anciens méritent encore d'être consultés....

Sans répondre, les étrangers déménagèrent leurs paquets et leurs instruments de culture. Face au feu qui s'éloignait, ils couchèrent au pied des arbres, les lèvres serrées, la poitrine vide....

A la troupe des antilopes se joignirent les biches essoufflées qui étaient parties au début, des sangliers à la tête verruqueuse qui, par colère, faisaient grincer leurs défenses grosses comme des cornes de génisse (ils venaient d'abandonner un certain champ de patates douces qu'ils étaient en train de ravager), et aussi un porc-épic qui redoutait de faire griller ses piquants dont l'éclatement des tiges couvrait le cliquetis.

Autour d'eux, ramassés par l'immense filet, surgissaient encore de derrière les pierres et du creux des arbres, toutes sortes de bêtes et de bestioles rampantes, bondissantes, sautillantes, qui ne recherchaient leurs semblables que la nuit, pour continuer l'espèce.

Pelages ravagés et roussis. Elytres racornis de gros insectes qui tournaient en rond dans la fumée. Le feu, dont les ailes s'allongeaient sans trêve en se refermant, rassemblait là des animaux qui d'ordinaire se redoutaient, qui se haïssaient d'occasion ou du fait des ancêtres. Et dans leur dos le feu grimpait aux arbres, mangeait les étoiles, recréait dans la nuit un jour sinistre et sanglant.

Un chacal s'arrêta, fou de terreur, hurla à la mort. Cela fit détaler plus vite les antilopes.

Bousculant tout sur leur passage, trois buffles égarés et massifs croisèrent le troupeau des fuyards. Ils n'intéressèrent personne. Des serpents à la démarche silencieuse se glissèrent entre les pattes pointues, entre les pattes griffues, sous les ventres, affairés, tête haute, l'œil plat et luisant: trigonocéphales à la morsure infâme, boas indolents et gigantesques, serpents noirs dont les joues se gonflent de fureur. Dans leurs méandres, ils sifflaient et crachaient. ''Le feu n'oublie rien !...il brûlera tout !..." avouaient ces orgueilleux. Inutile de leur parler de proies faciles. Les lièvres et les biches naines ne s'écartaient pas de leur chemin; mais il faut une heure pour avaler un lièvre et huit jours pour le digérer en paix. Qui donc oserait parler de proie en ce moment où chacun haletait ou serrait les mâchoires?...

Hoquets, souffles, piétinements....Le feu dansait, projetait des flammes en guirlandes, en masses vite éparpillées, en éclairs et en volutes, le feu frisait les poils et retroussait les écailles. Et toujours ces crépitements capables de couvrir tous les appels !

Mais qui appeler? qui suivre pour échapper à ce feu qui détruisait les conventions nocturnes de la brousse?...

Descendus des arbres où ils risquaient d'étouffer, les singes s'étaient mis à galoper sur leurs quatre mains. Ils ne savaient pas encore où ils allaient, mais ils s'écartaient de la zone ardente. Il y avait là des singes à tête de chien, hargneux et disciplinés, des singes à favoris, pleurards et ridicules, des singes verts, agiles et doux, des singes orangés qui ne descendent jamais à terre. Tout aux regrets d'un manguier délaissé par les hommes et dont les fruits allaient mûrir, ils allaient et se mêlaient à cette foule disparate où les bêtes s'ajoutaient aux bêtes, les espèces aux espèces, comme dans la succession des heures au cours de la création du monde.

Tous rampaient, trottaient, galopaient, sautaient, sans choisir le sol de leurs foulées, de leurs détentes, de leurs déroulements, avec le vent qui rabattait la fumée sur la peau et l'enfonçait dans les gorges. "Les pâturages sont perdus !..." pensaient les antilopes et les biches. Et, dans le langage des préoccupations, elles maudissaient les grands voraces qui avaient, sans doute, excité la colère des hommes.

Nul ne songeait plus à s'écarter de son voisin, pas même de cette hyène à la cervelle stupide qui hoquetait et grognait parce que ses pattes de derrière étaient trop courtes. On pouvait voir un solitaire qui frottait son flanc contre une biche farouche, et, côte à côte, des bêtes de la même famille qui avaient jusque-là refusé de s'aimer et se trouvaient sur la même piste. Tous les sentiments étaient abolis, qui font que le chasseur trouve parfois un mâle d'antilopes mort avec une corne brisée dans le flanc; et les chats-tigres et les lynx qui s'étaient crus les maîtres de la brousse se voyaient tout mesquins à côté d'une lionne énorme et essoufflée.

Et ils allaient, trottinant, trottant, sautant, galopant, parce qu'il fallait faire tout cela pour échapper au feu et que c'était vraiment la seule chose à faire. Et chacun oubliant la jactance et les forfanteries de la veille, se démenait selon ses habitudes ancestrales,—ou mieux encore, car les plus faibles essayaient de moyens inaccoutumés.

6

En avant, l'antilope à l'oreille percée accélérait l'allure et dépassait le vieux mâle en tête de la harde. Taille fine, muscle rond et ferme, pattes minces, le poil luisant comme aux heures de sécurité, le jeune guide allongeait ses foulées. Au loin, trop loin encore pour les yeux des autres antilopes et des fous qui suivaient, il venait d'apercevoir de minuscules points brillants, que d'un coup il reconnut pour ces petites flammes allumées par les hommes dans leur maison et qui ne brûlent personne....

Mais à ce moment, survint une nouvelle et plus grande misère. La fumée avait rallié les éclopés de la brousse, ceux qui, par crainte ou par fierté, cachent leurs maladies et leurs blessures. Une biche sautillait sur trois pattes; une outarde remorquait son aile cassée par un plomb; le poil du dos hérissé, un phacochère secouait sa mâchoire inférieure disloquée par une balle; une panthère, honteuse de sa déchéance, montrait son épaule déchirée par une lance de berger.

Leur infortune les mêlait aux bêtes qui ont des mouvements courts et sans portée, aux bêtes dont les muscles sont mous et mal tendus. Ensemble, ces êtres pitoyables s'arrêtaient, par instants, hors des atteintes de la fumée, pour regarder le ciel. L'heure des nuages n'était pas venue, ils le savaient mieux que personne, les nuages étaient encore en route: ils interrogeaient quand même, parce que tout ce qui remue, dans le monde, espère gagner le destin à force de désirs ou de prières.

Et ils reprenaient leur course, boitillant, sautillant, abandonnant leurs forces, impuissants à suivre, même de loin, le chemin des antilopes.

— Le sort qui guérit a donc changé de face! gémissaient-ils.

Et tous regrettaient le périlleux silence des nuits.

L'éclaircie, la chute du vent, les nuages humides, la tranche d'herbe verte: ces espoirs obscurs ou précis avaient été déçus. Le feu et la flamme restaient libres de leur véhémence. Alors, il fallait aller plus loin, plus vite, suivant la longueur des pattes.

Tout d'abord, des mères s'étaient attardées derrière leurs petits, les poussant du mufle. Elles n'avaient pas

toutes pu faire comme la lionne qui portait ses lionceaux à tour de rôle entre ses dents. Maintenant,
chacun de son côté, n'est-ce pas?...Les gestes éternels
disparaissaient dans le désastre.

— Mais où allez-vous? se demandaient entre eux les
parents, les amis, les cousins, les égaux par le sang, la
ruse ou la médiocrité.

— Nous suivons ceux qui précèdent!...Nous
suivons!...

Oui, puisque ce feu ne voulait pas s'éteindre, où
allait-on? On aurait voulu questionner les singes, très
malins et qui ont coutume de surveiller les routes de
plus haut....Les singes avaient perdu la voix. "Toutes
les graines seront brûlées!...Que mangerons-nous
demain?" pensaient les singes, tandis que les guenons
songeaient à se débarrasser du petit agrippé à leur ceinture. A qui demander le chemin? Qui reconnaître?
Les robes, les pelages étaient couleur de feu, même la
défroque tachetée de l'hyène....A qui s'en remettre,
quand derrière soi menaçaient les silhouettes des arbres,
noires sur le rideau de flammes?

Un clan retardataire s'écarta sur la gauche, en direction d'une verdure sombre qui bordait un marigot,—
car dans la plus stupide cervelle il ne fait pas de doute
que l'eau ne soit le remède du feu. Mais quand les bêtes
arrivèrent sur la berge, elles virent en nombre inquiétant
des semblants de bois morts au ras de l'eau....Les
crocodiles de la région s'étaient donné rendez-vous au
tournant de la rivière, suivant la vieille tactique: tels les
milans qui se rassemblent au-dessus du feu. Et les
reflets de l'incendie allumaient leurs yeux flottants et
verts.

Un imprudent qui se pencha sur l'eau pour étancher sa soif fut happé par le museau....

Ce fut la panique, le retour vers la foule inégale qui suivait les antilopes. Chacun voulait hurler, provoquer un cri de ralliement. Mais nul ne pouvait desserrer les babines, car le vent apportait la puanteur des chairs grillées, et la lionne était trop occupée à porter ses lionceaux, la mâchoire énervée au point de percer la peau flasque des petites loques inertes et étonnées.

En tête, l'antilope à l'oreille percée courait toujours devant les mâles plus puissants,—justement ceux qui prétendaient, deux saisons auparavant, lui interdire l'approche du troupeau parce que sa robe gardait une odeur d'homme. Le jeune mâle galopait, les naseaux secs. A chaque foulée, il devenait de plus en plus le seul guide de cette cohue. Une force qui s'emparait de sa cervelle obtuse le poussait du côté des petites lumières pâles et immobiles qui avaient marqué leur souvenir dans ses yeux de jeune antilope, vers ces lumières qui avaient éclairé ses premiers sommeils et qu'il voyait maintenant bien distinctes des étoiles. Et les fous de toute taille et de toute force qui fuyaient le feu, haletants, épuisés, muscles durcis, le suivaient,—parce qu'une troupe suit toujours celui qui sait où il va et qui le sait fortement.

Il venait en effet de repérer des odeurs de bœufs, des sentiers foulés par les hommes qui coupent les bois et remuent la terre, en répandant leur sueur. Dans sa charge, le jeune mâle bousculait des herbes frôlées par les hommes, des arbrisseaux effeuillés par les enfants des hommes. A mesure qu'il avançait, il se souvenait

aussi du nom que lui avait autrefois donné un homme.
... Tân.... Tân.... Cette sonorité lui redevenait fami-
lière.... Tân !... Tân !... Cela couvrait les halètements et les râles de la terre. Ah ! il savait maintenant
où il allait, vers qui il allait, il ne craignait plus ce feu
qui les pourchassait, lui et ses semblables, ni la cendre
qui tombait sur la trace de leurs pas.

Et, loin de la flamme qui tuait et sautait sur de nouvelles proies attachées au sol, attardées dans le sable ou
la rocaille, il entraînait les amis et les ennemis, audacieux ou couards, rageurs ou craintifs, les bêtes aux
mâchoires inachevées, les bêtes aux dents usées et,
clopin-clopant, les misérables ; sur le chemin dont les
bêtes libres s'écartent, Tân conduisait toute la horde de
la brousse vers la maison des hommes....

Ce soir-là, le maître de Tân était au Cercle. Il jouait
au bridge avec ses amis. En voyant les proportions du
feu, l'un d'eux avait dit :

— Ces Noirs sont fous !... Ils vont tout détruire !...
— On verra plus clair dans la brousse, dit un autre
joueur.

Vers dix heures, le maître de Tân jouait "quatre
piques contrés" et tenait bien son jeu. Le "mort," qui
se reposait, crut percevoir un grondement lointain....
Les joueurs levèrent la tête, entendirent meugler, siffler,
hurler, bêler, mais ne se rendirent pas très bien compte
s'il s'agissait d'un tam-tam de noces, de bœufs volés ou
échappés, ou encore de panthères en train d'enlever un
troupeau. Seul, le *boy* du Cercle manifesta quelque
émotion en marmonnant des prières.

Le maître de Tân fit "une de mieux" avec trois honneurs, ce qui à tout prendre avait son importance.

Le lendemain, les cultivateurs qui sortaient de la ville pour préparer leurs champs, trouvèrent aux abords immédiats des faubourgs le sol trituré, les clôtures renversées et piétinées, les tiges de mil broyées, les arbustes aplatis comme par le passage d'une cavalerie. Ils rencontrèrent des bergers qui couraient après leurs troupeaux : "Tout s'était détaché dans la nuit, criaient-ils, éparpillé dans le voisinage, à l'abri des cases et greniers !" Des bœufs, qui avaient davantage perdu leur pauvre grosse tête, et un audacieux taureau ne rentrèrent de la brousse qu'au milieu du jour.

Grandes palabres sur la place publique. Certains parmi les Noirs prétendirent que c'étaient les chevaux du défunt Samory qui emportaient les âmes de leur roi et de ses guerriers vers de nouvelles batailles. Tous se mirent d'accord pour bénir les ancêtres qui recommandaient aux enfants de ne jamais sortir la nuit, de redouter les génies errants, les sorciers qui se changent en bêtes, et les bêtes elles-mêmes qui viennent enlever le bétail ou surprendre les secrets de la puissance des hommes en se nourrissant de leur chair....

Nul ne sut au juste ce qui s'était passé. Seul Nagô Kónaté, arrivé dans la journée, quand il se présenta dans la cour du Toubab reconnut Tân et son oreille percée. Il resta un moment pensif, se mordit les doigts de dépit, et "regretta, dit-il, un voyage de plaisanterie qui l'avait éloigné d'une chasse au feu sans pareille !"

Les autres Noirs de l'escale ne cherchèrent pas à le contredire ni à comprendre le sens de ses paroles, et

préférèrent la bienheureuse paix que donne l'ignorance.

Toutefois, en voyant le Toubab se pencher sur la
grande antilope, rude et soumise à la fois, promener la
main sur son poil onctueux et dru, Nagô et quelques
familiers détaillèrent leur admiration et leur surprise.

Le Toubab, lui, paraissait impassible, comme si le
retour de Tân eût été chose naturelle, attendue. Non
point qu'il ne fût grandement troublé lui-même; mais
il gardait ses impressions, et s'étonnait en dedans,—
afin d'augmenter son prestige.

Et négligemment, il passait un doigt dans le trou de
l'oreille de Tân, que l'âge avait agrandi.

NOTES

Introductory Note. **Valmiki,** a Hindu poet.

P. 14. **paillotes,** the native hut (la case) has a covering of straw (la paille), or of grass or matting according to the district.

P. 15. **les Toubabs,** this word of Hindu origin (= the princes, mighty men) is the common designation of the white man in most of West Africa.

P. 16. **arachides,** the ground-nut is an important article of export, used in the making of margarine and of various table oils.

P. 21. **elle ne romprait pas d'une longueur,** "she would not retreat a step"; the expression was originally used in fencing.

P. 23. **le bébé croûte de pain,** cf. une robe abricot, marron, canari.

P. 24. **aucun malheur ne lui tombait sur les reins,** "no misfortune befell her".

P. 41. **le pourtour d'un ébénier,** the ebony-tree shoots up and rapidly reaches full height, but increases in girth so slowly that several years pass before it swells to a diameter of 6 inches.

P. 46. **baquet, course au sac,** at the Sports meeting bucket-races and sack-races are part of the programme.

P. 47. **sirop...anis...curaçao,** the French have many *sirops* (non-alcoholic fruit sirups). *Anis* and *curaçao* are liqueurs; the basis of a liqueur is grape-spirit to which fruit or herbs are added as flavouring: it is served after a meal.

P. 54. **mamelonnée,** le mamelon, 'nipple'; then 'hillock'. Here one might render 'uneven'.

P. 59. **tenait ses assises au Cercle,** 'was making the Club his headquarters'.

Chargeurs Réunis, a French steamship line serving West Africa.

apéritifs, served before the meal; wine is the usual basis of an *apéritif*.

P. 60. **il aurait bien pu en cuire à ces farceurs**, "he might have given these practical jokers a sound lesson".

P. 67. **sculptée dans du bois de fer**, a species of teak.

P. 68. **un fusil boucanier**, many antiquated types of shot-guns and rifles are found in the possession of the West African tribes, going back in some cases to the Portuguese colonists (les boucaniers): the old *fusil à pierre* (flintlock) has not been replaced everywhere by the *fusil à piston* (needle-gun, cap-gun).

P. 71. **un arbre à la Renoir**. Renoir (1841–1919) was one of the leaders of the Impressionist school of painters; his trees show a predominance of red, yellow and green.

P. 73. **une charge de pieds de marmite**, the cooking-pot (la marmite) of the West African native is made of cast-iron and is consequently brittle; the old pots are broken up small and used as shot.

qui amenèrent Tân à composition, "which reduced Tan to submission".

P. 95. **il tenait bien son jeu**, "he was playing carefully".

GLOSSARY

un **abattoir**, slaughter-house
abîmer, to destroy, injure
les **abords** (*m.*), approaches, surroundings
un **acajou**, mahogany; *la pomme d'acajou*, cashew-apple
accoler, to join
accroupir, to squat
accueillir, to welcome
acéré, sharp
un **acier**, steel
âcre, bitter, sharp
affairé, busy
s'**affaler**, to collapse
à l'**affût** (*de*), on the watch (for)
agacer, to worry, irritate
une **aigrette**, egret
une **aiguille**, points, switch
un **aiguillon**, sting
aiguiser, to sharpen
allaiter, to nurse (a child)
s'**allonger**, to stretch
une **allure**, manner, speed
amarrer, to moor, fasten
amer, bitter
un **amoncellement**, pile
une **amulette**, amulet, charm
un **anneau**, ring
aplatir, to flatten
apprivoiser, to tame
appuyer, to support
une **arachide**, ground-nut
un **arbuste**, shrub
une **armoire à glace**, wardrobe
arpenter, to stride
arroser, to water
asperger, to sprinkle

atavique, ancestral
s'**attarder**, to linger
attirer, to attract
une **aubaine**, windfall, stroke of luck
avaler, to swallow
à l'**avenant**, in keeping
un **avènement**, arrival
aveugle, blind

la **babine**, lip (of an animal)
la **badine**, switch
baller, to sway
le **baobab**, banyan-tree
le **baquet**, tub, bucket
bariolé, multi-coloured
barrir, to trumpet (elephants)
la **bâtisse**, building
la **bavette**, dewlap
beau; *faire le beau*, to beg, show off
la **bécassine**, snipe
beige, fawn
bêler, to bleat
bénir, to bless
le **benténier**, barwood tree
la **berge**, bank (of a river)
la **besace**, wallet, knapsack
la **bestiole**, small animal
le **biberon**, feeding-bottle
la **bibliothèque**, library
la **biche**, hind
la **bielle**, connecting-rod
la **bille**, billiard ball, ball-bearing
blafard, wan
blanchi *à la chaux*, lime-washed
d'un **bloc**, immediately

boitiller, to limp
le **bon**, certificate, "chit"
le **boucanier**, buccaneer
la **boucle**, curve, loop
bouclé, curly
boueux, muddy
la **bourrade**, blow, push
bourrer, to crush, cram
le **bourricot**, donkey, 'moke'
bramer, to bell (cry of deer)
brasser, to mix
le **breuvage**, drink
le **brin**, blade (of grass)
la **broussaille**, scrub
la **brousse**, jungle
brouter, to crop
broyer, to crush
brut, crude, unrefined
la **buée**, mist
le **bureau**, office
le **butin**, booty

la **cadenette**, drooping curl
le **cafard**; *avoir le cafard*, to have a fit of the blues
la **caille**, quail
le **caïman**, crocodile
la **calebasse**, calabash
le **caleçon**, pants
la **capsule**, percussion-cap
la **carapace**, shell (of a tortoise, etc.)
le **carquois**, quiver
le **carrelage**, tiled floor
la **cartouche**, cartridge
la **case**, hut
caser, to house
la **ceinture**, belt
le **cercle**, club
cerner, to surround
le **chaînon**, link
la **chair**, flesh
le **change**, rate of exchange
chaparder, to steal

le **chapiteau**, capital (of a column)
la **charge**, load
le **châtaignier**, chestnut-tree
châtier, to chastise
chatouiller, to tickle
le **chat-pard**, bush-cat
le **chat-tigre**, wild cat
le **chaume**, thatch
chauve, bald
la **chauve-souris**, bat
chavirer, to capsize, turn over
le **chevreau**, kid
le **chiffon**, rag
chiper, to pilfer
la **chouette**, screech owl
le **cil**, eyelash
la **cime**, top (of a tree, a mountain)
cintré, curved
les **cisailles** (*f.*), shears
le **citronnier**, lime-tree
cligner, to blink
le **cliquetis**, click
la **cloison**, partition
la **cohue**, mob
cogner, to knock
la **colère**, anger
coller, to stick
le **colporteur**, hawker
compassé, stiff (of manner)
le **comptable**, clerk
se rendre **compte de**, realise
le **concurrent**, competitor
condamner, to obliterate, block up
les **confins** (*m.*), borders
contrer, to double (cards)
contrôler, to check
convier, to invite
le **convoi**, train
convoiter, to covet
coriace, tough

le **corossolier**, custard-apple-tree
la **côte**, rib, coast
la **cotte**, coat
la **coudée**, cubit
coudre, to sew
le **courrier**, mail
la **courroie**, strap
la **couvée**, brood, clutch
crachoter, to spit
cramoisi, crimson
le **crapaud**, toad
crasseux, filthy
le **crépuscule**, twilight
creuser, to hollow out, dig
crever, to dig
le **crin**, horsehair
la **crinière**, mane
le **croc**, tooth
la **crosse**, butt
la **croupe**, rump
la **croûte**, crust
cuire, to cook
la **cuisse**, thigh, leg
culbuter, to knock over
la **culture**, tillage
la **cuvette**, basin

se **dandiner**, to sway, amble
la **débandade**, disorder
le **débarcadère**, landing-stage
se **débattre**, to struggle
le **débitant**, retailer
débrouillard, self-reliant
le **début**, beginning
déceler, to reveal
décevoir, to deceive
la **déchéance**, disgrace
le **déchet**, scrap
déchiffrer, to decipher
déchiqueter, to tear to shreds
déchirer, to tear, gash

décortiquer, to husk
dédaigner, to scorn
la **défense**, tusk
défricher, to clear (ground)
la **défroque**, cast-off clothing, coat
dégagé, absent-minded
dégager, to set free
dégringoler, to tumble down
déguster, to take in small quantities, sip
démanger, to itch
démarrer, to unmoor, move-off
déménager, to remove
se **démener**, to struggle
les **denrées** (*f.*), provisions
la **dépense**, expense
dépouiller, to strip
dérober, to steal
le **désarroi**, confusion
désinvolte, easy (of manner, movement)
détailler, to cut up
se **détremper**, to get soaked
déverser, to pour out
disparate, varied, motley
dodu, plump
dominical, Sunday (*adj.*)
douanier, Customs (*adj.*)
se **douter**, suspect
dru, close(-growing)
le **duvet**, down

les **ébats** (*m.*), frolics
un **ébénier**, ebony-tree
s'**ébouriffer**, to ruffle
s'**ébrouer**, to snuffle
écailleux, scaly
s'**écarter**, to keep away
un **échassier**, wading-bird
échoir *en partage à*, to fall to the lot of
écimer, to cut off the top

une **éclaircie**, clearing
éclairer, to light up
éclater, to burst
un **éclopé**, cripple
écraser, to crush
une **écriture**, writing
l'**Écriture Sainte**, Holy
Scripture
écroulé, collapsed
un **écureuil**, squirrel
édenté, toothless
s'**effarer**, to get frightened
effleurer, to graze
un **effluve**, scent
effronté, impudent,
shameless
s'**égailler**, disperse
s'**égarer**, to lose one's way
égayer, to amuse, cheer
up
un **égorgement**, throat-slit-
ting, murder
s'**égoutter**, to drip
un **élan**, dash, effort
éloigné, distant, far
un **élytre**, wing-shell
émaillé, enamelled
une **embarcation**, ship
une **embellie**, lull, fair period
emboîter, to fit into
une **embouchure**, mouth (of
a river)
un **embranchement**, points,
junction
embrasé, fiery
un **émouchet**, kestrel
s'**emparer de**, to take
possession of
un **empennage**, wing-span
empester, to taint
empiler, to pile up
une **empreinte**, stamp, mark
encadrer, to frame
encombrer, to crowd,
block
enduire, to smear

énervé, unnerved, weak-
ened
enfoncer, to drive in
s'**engloutir**, to be swallowed
up
un **engoulevent**, goat-sucker
engourdi, stiff, numb
engraisser, to get fat
une **enjambée**, stride
un **enlèvement**, rise
enliser, to engulf
enseigner, to teach
un **entonnoir**, funnel
entraver, to hamper
une **envergure**, wing-span
épargner, to spare
éparpiller, to scatter
un **épervier**, hawk
épier, to spy on
une **épine**, thorn
un **épouvantail**, scarecrow
épuiser, to exhaust
une **escale**, (port of) call
s'**esclaffer**, to guffaw
un **escrimeur**, fencer
esquisser, to sketch, do
roughly
un **essaim**, swarm
essoufflé, breathless
un **étage**, storey
un **étal**, shop-window display
étancher, to quench
éteindre, to put out
une **étendue**, expanse
un **éternuement**, sneeze,
splutter
étouffer, to stifle
étourdi, dazed
une **étrave**, bow (of a boat)
un **éventail**, fan
un **éventaire**, wide basket
éventer, to fan
évincer, to expel, turn
out
exigu, restricted, tiny
une **expérience**, experiment

factice, artificial
fade, dull, insipid
le faîte, top (of a tree, a mountain)
farcir, to stuff, cram
farouche, wild
le faubourg, suburb
le fauteuil, armchair
les favoris (m.), side-whiskers
féliciter, to congratulate
fendiller, to split
le fer-blanc, tin
la ferraille, scrap-iron
le festin, feast
la ficelle, string
le filet, net
flairer, to sniff at
la flammèche, spark
la flaque, puddle
flasque, flabby
flatter, to flatter, stroke
fondre, to melt
forcené, violent, furious
la forfanterie, bragging
la foulée, stride
la fourmi, ant
le fourré, clump of trees
le foyer, hearth
franchir, to cross
frémir, to shudder, shiver
le fretin, small fish, fry
frisé, curly-haired; le fer à friser, curling-tongs
le frisson, shudder
le froissement, rustle
frôler, to brush against
frotter, to rub
fureter, to ferret
la futaie, clump of trees
le fuyard, fugitive

le gage, guarantee
le gaillard, rogue
gainé de, sheathed in
gambader, to play pranks

gaspiller, to waste
la gaucherie, clumsiness
gaufré, marked
gaver, to cram with food
la genette, genet
la génisse, heifer
le gibier, game
le gigot, leg of mutton
glaner, to glean
glapir, to scream
la glycine, wistaria
la godille, paddle
gonfler, to swell
le gosier, gullet
gouailler, to tease, banter
le goyavier, guava-tree
le grabuge, din
le gradin, row of seats
la graine, seed
graisser, to grease
la grange, barn
la grappe, cluster, bunch
gratter, to scratch
gré; de son propre gré, of his own free will
le grenier, loft
la griffe, claw
grignoter, to nibble at
le grincement, creak, squeak
le griot, juju-man
grogner, to growl
la grue, crane
le gué, ford
guérir, to heal
guetter, to lie in wait for

hacher, to cut up
une haleine, breath
le halètement, panting
hanter, to haunt
happer, to bite, seize
la harde, herd, pack
hargneux, bad-tempered
harnaché, striped
hâtif, hasty

hérisser, to bristle
le **hobereau**, squire
le **hoquet**, hiccough, gasp
hormis, except
la **houle**, swell, surge
e **hourvari**, uproar
humecter, to moisten
humer, to inhale
la **huppe**, crested grebe
hurler, to shout

un **impôt**, tax
imprescriptible, inalien-
able
imprévu, unforeseen
indicible, indescribable
indigène, native
infime, tiny
s'**infléchir**, bend
insolite, unusual
intégral, complete
interdire, to forbid
interdit, amazed

le **jabot**, crop (of a bird)
jacasser, to chatter
la **jactance**, boasting
jaillir, to gush, spurt
jalouser, to envy
la **jaquette**, morning-coat
le **jarret**, hock, hough (of
meat
jeûner, to go without food
juché, perched
les **jumelles** (*f.*), field-glasses
jurer, to swear

le **kapockier**, kapok-tree

lâcher prise, to let go
la **lame**, blade
lécher, to lick
léguer, to bequeath
la **liane**, creeper
ligoter, to bind
la **limace**, slug

la **lisière**, edge
lisser, to smooth
le **litige**, lawsuit
en **long**, lengthwise
la **longe**, halter
la **loque**, rag, scrap
le **loriot**, oriole
la **louange**, praise
lourdaud, clumsy

le **mâchoiron**, mud-fish
malin, cunning
le **manguier**, mango tree
maniéré, mincing, af-
fected
la **manivelle**, handle
le **manœuvre**, workman
le **marabout**, marabou stork
le **marais**, marsh
la **mare**, pond
le **marécage**, marsh
le **marigot**, little river
la **marmite**, stew-pot
le **marmiton**, scullion
marmonner, to mumble
le **marron**, chestnut
marteler, to hammer
le **mât de cocagne**, greasy
pole
matelasser, to stuff
la **matraque**, cudgel
se **méfier de**, to distrust
le **mendiant**, beggar
menu, small
le **mépris**, scorn
le **merle**, blackbird
mesquin, petty, unim-
portant
le **métier**, occupation
le **métis**, half-breed, mon-
grel
meugler, to bellow
meurtrir, to bruise
le **miel**, honey
le **milan**, kite
mimer, to mimic

la **mine**, expression (of features)
minuscule, tiny
miroiter, to glisten
la **moelle** (mwal), marrow
molasse, enfeebled
le **monceau**, heap
mordoré, old-gold
la **morsure**, bite
le **mort**, dummy (cards)
le **mortier**, mortar
mouiller, to wet
le **moulinet**, paper windmill
le **moustique**, mosquito
le **mufle**, muzzle, face of an animal
mugir, to bellow
mulâtre, mulatto
le **mulot**, field-mouse
mutin, fractious

le **nain**, dwarf
narquois, sly, chaffing
le **naseau**, nostril
la **natte**, mat
le **nénuphar**, water-lily
nerveux, sinewy
niais, foolish
les **noces** (*f.*), wedding festivities
la **nostalgie**, home-sickness, longing
la **nuance**, shade, hint
la **nuque**, nape of the neck

obsédant, persistent, tiresome
obstruer, to block
un **odorat**, sense of smell
onctueux, oily
un **orgueil**, pride
un **orteil**, toe
osseux, bony
une **otarie**, sea-lion
une **outarde**, bustard

une **outre**, water-skin

la **paillote**, straw hut
paître, to feed, crop
la **palabre**, palaver
palper, to touch, feel
le **pan**, expanse
le **panache**, plume, tuft
la **panse**, paunch
panser, to dress (a wound)
le **paon** (pã), peacock
le **papillon**, butterfly
le **parapluie**, umbrella
le **pari**, wager
parsemer, to sprinkle
la **patate**, cassava, sweet potato
patiné, weathered
le **patron**, employer
la **paupière**, eyelid
le **peigne**, comb
le **pelage**, coat (of an animal)
pénible, painful
pépier, to chirp
le **perdreau**, young partridge
la **perruche**, parakeet
pétrir, to pound, knead
le **phacochère**, boar
le **piaillement**, squawking
picoter, to peck
le **piège**, trap
piétiner, to tread
la **pintade**, guinea-fowl
piquant, prickly, sharp to the taste
le **pique**, spade (cards)
la **pirogue**, canoe
le **pis**, udder
la **piste**, track
la **pitrerie**, clowning
plaquer, to lay flat
le **plat**, dish
plisser, to fold
le **poil**, hair

le **point de repère**, landmark
la **pointe**, tusk
le **poitrail**, chest
le **ponchon**, puncheon
pondre, to lay (eggs)
le **porc-épic**, porcupine
la **portée**, range
potager; *jardin potager*, kitchen garden
potelé, plump
le **poulailler**, hen-house
pourchasser, to pursue
pourrir, to rot
le **pourtour**, circumference
la **pousse**, growth, shoot (of a plant)
la **préséance**, precedence
la **prise**, capture
la **proie**, prey
proprement, neatly
le **prurit**, impulse, lust
la **puanteur**, stink
puer, to smell (of)
le **puits**, well
le **pupille**, ward

le **quartier**, block (of stone)
quémander, to beg
en **quête de**, in search of
le **quolibet**, joke
quotidien, daily

rabrouer, to snub
racorni, shrivelled, hard
rageur, ill-tempered
le **râle**, rattle, grunt
ramollir, to soften
ramper, to crawl
la **rancune**, spite
la **randonnée**, raid
le **rapace**, bird of prey
rapiécer, to patch
à **ras de**, at the level of
raser, to graze, shave
rassasié, sated

rauque, hoarse
rayé, striped
le **rayon**, comb (of honey); spoke
rebuter, to discourage
recéler, to conceal
réclamer, to claim
la **récolte**, harvest
la **reconnaissance**, gratitude
se **reconnaître**, to find one's way
reculer, to draw back
refroidir, to cool
le **règlement**, settlement (of an account)
regretter, to long for, miss
le **rein**, kidney; *les reins*, small of the back
le **relent**, musty smell
s'en **remettre à**, to refer to, rely on
la **rémige**, wing
remorquer, to drag
le **remous**, stirring
remuer, to move
se **rendre compte**, to realise
renifler, to sniff
repérer, to seek out, remember
replier, to fold back
la **rescousse**, help
retardataire, laggard
retentir, to resound
se **rétrécir**, to shrink, withdraw
en **revanche**, on the other hand
ricaner, to laugh, chuckle
le **rideau**, curtain
la **ripaille**, feast
la **risée**, laughing-stock
la **rocaille**, stones
rôder, to prowl

rogner, to clip
le **roitelet**, petty king
le **rongeur**, rodent
la **rose des vents**, compass-card
le **roseau**, reed
la **roussette**, warbler
roussi, russet
rudoyer, to treat roughly
rugir, to roar, shriek
rugueux, rough, uneven

la **saccade**, jerk
salé, salty
le **sanglier**, wild boar
la **santé**, health
saouler, to make drunk
la **sarabande**, saraband (dance)
la **sarcelle**, teal
sarcler, to weed
saumâtre, brackish
savoureux, tasty
scander, to mark the rhythm
le **scarabée**, dung-beetle
séculaire, ancient
la **senteur**, scent
la **sève**, sap
sevrer, to wean
le **simulacre**, phantom
le **sissongho**, guinea-corn
sonder, to sound, test
soumis, submissive
sourd, deaf, indistinct
sournois, cunning
le **squelette**, skeleton
strié de, lined with
la **suavité**, sweetness
subir, to experience
sucer, to suck
la **sueur**, sweat
suffisant, self-important
le **suif**, tallow
supputer, to estimate
le **sursaut**, start, jerk

tacheté, spotted
la **taille**, figure, stature
le **talus**, embankment
le **taon** (tā), gadfly
tâter, to test, feel
la **teinte**, tint
témoigner, to show
tenailler, to grip, torture
tenir à, to be anxious (to) (for)
la **termitière**, ant-hill
le **terrier**, burrow
la **tête**; *faire une tête-à-queue*, to turn back
la **tétine**, nipple, teat
têtu, obstinate
tiède, warm
le **tillac**, deck
le **tir**, shooting
tirailler, to torment
le **tisserand**, weaver
tituber, to totter
la **tôle ondulée**, corrugated iron
torréfié, parched
tors, twisted
la **tournée**, tour, turn
la **tourterelle**, turtle-dove
trahir, to betray
traire, to milk
la **tranche**, slice, patch
la **transe**, fright
trébucher, to stagger
se **trémousser**, to frisk
trépigner, to stamp
tresser, to plait
la **trêve**, truce; *sans trêve*, incessantly
le **trigonocéphale**, black mamba
trinquer, to clink glasses
la **trique**, cudgel
triturer, to pound
la **trompe**, trunk (elephant)
le **trottoir**, pavement
turbulent, noisy, agitated

user, to wear out; *usé,* shabby
user de, to use
une **usine,** factory

le **vanneau,** lapwing
la **vase,** mud
se **vautrer,** to sprawl, wallow
veiller sur, to keep watch over
le **venin,** poison
la **vergogne,** shame
vérifier, to examine
le **vermisseau,** little worm

le **vernis,** varnish
la **verroterie,** glassware
verruqueux, warty
verser, to pour
vertigineux, dizzy
visqueux, slimy
la **voie de garage,** siding
en **voie de,** in course of
la **volaille,** fowl, poultry
le **volatile,** winged creature
le **volubilis,** convolvulus
la **volute,** whorl
le **vorace,** beast of prey

For EU product safety concerns, contact us at Calle de José Abascal, 56–1°, 28003 Madrid, Spain or eugpsr@cambridge.org.

www.ingramcontent.com/pod-product-compliance
Ingram Content Group UK Ltd.
Pitfield, Milton Keynes, MK11 3LW, UK
UKHW020313140625
459647UK00018B/1847